LÍNGUA PORTUGUESA

Coleção Eu gosto m@is

ENSINO FUNDAMENTAL

7º ano

Tânia Amaral Oliveira
Elizabeth Gavioli
Cícero de Oliveira
Lucy Araújo

1ª EDIÇÃO
SÃO PAULO
2012

IBEP

Coleção Eu Gosto Mais
Língua Portuguesa – 7º ano
© IBEP, 2012

Diretor superintendente	Jorge Yunes
Gerente editorial	Célia de Assis
Editora	Nina Basílio
Assistentes editoriais	Ana Latgé
	Érika Domingues do Nascimento
	Karina Danza
Revisão	André Tadashi Odashima
	Karina Danza
	Maria Inez de Souza
Coordenadora de arte	Karina Monteiro
Assistentes de arte	Marilia Vilela
	Tomás Troppmair
Coordenadora de iconografia	Maria do Céu Pires Passuello
Assistentes de iconografia	Adriana Correia
	Wilson de Castilho
Ilustrações	Jótah
	Renato Arlem
Produção editorial	Paula Calviello
Produção gráfica	José Antonio Ferraz
Assistente de produção gráfica	Eliane M. M. Ferreira
Capa	Equipe IBEP
Projeto gráfico	Equipe IBEP
Editoração eletrônica	N-Publicações

CIP-BRASIL. CATALOGAÇÃO-NA-FONTE
SINDICATO NACIONAL DOS EDITORES DE LIVROS, RJ

L727

Língua portuguesa : 7º ano / Tania Amaral Oliveira... [et al.]. - 1.ed. - São Paulo : IBEP, 2012.
    il. ; 28 cm   (Eu gosto mais)

ISBN 978-85-342-3405-4 (aluno) - 978-85-342-3409-2 (mestre)

1. Língua portuguesa - Estudo e ensino (Ensino fundamental). I. Oliveira, Tania Amaral. II. Série.

12-5714.   CDD: 372.6
                                CDU: 373.3.016:811.134.3

13.08.12   20.08.12   038092

1ª edição – São Paulo – 2012
Todos os direitos reservados

IBEP

Av. Alexandre Mackenzie, 619 – Jaguaré
São Paulo – SP – 05322-000 – Brasil – Tel.: (11) 2799-7799
www.ibep-nacional.com.br   editoras@ibep-nacional.com.br

Impressão Serzegraf - Setembro 2016

Apresentação

Caro aluno e cara aluna,

Não sabemos quem vocês são, mas imaginamos que estejam curiosos para saber o que lhes trazem as páginas deste livro. Por isso adiantamos algumas respostas. Esta obra foi escrita especialmente para você que gosta de fazer descobertas por meio de trabalhos individuais ou em grupo e de se relacionar com as pessoas ao seu redor.

Para vocês que gostam de falar, de trocar ideias, de expor suas opiniões, impressões pessoais, de ler, de criar e escrever, foram preparadas atividades que, certamente, farão com que gostem mais de estudar português. Estão duvidando disso? Aguardem os próximos capítulos e verão que estamos certos.

Este livro traz algumas ferramentas para tornar as aulas bem movimentadas, cheias de surpresas. Vocês terão oportunidade de ler e interpretar textos dos mais variados gêneros: narrativas de ação, de suspense, de ficção científica, causos, mitos e lendas do Brasil e de outras regiões do planeta, textos teatrais, poemas, textos retirados de revistas e jornais, textos instrucionais, histórias em quadrinhos e muito mais.

Mas não estamos rodeados apenas de textos escritos. Vivemos num mundo em que a imagem, o som e a palavra falada ou escrita se juntam para construir atos de comunicação. Por isso, precisamos desvendar o sentido de todas essas linguagens que nos rodeiam para melhor interagir com as pessoas e com o mundo em que vivemos. Assim, descobriremos os múltiplos caminhos para nos comunicar.

Acreditem: vocês têm uma capacidade infinita e, por isso, a responsabilidade de desenvolvê-la. Pesquisem, expressem suas ideias, sentimentos, sensações; registrem suas vivências; construam e reconstruam suas histórias; sonhem, emocionem-se, divirtam-se, leiam por prazer; lutem por seus ideais, aprendendo a defender as suas opiniões oralmente e por escrito. Não sejam espectadores na sala de aula, mas agentes, alunos atuantes. Assim darão mais sentido às atividades escolares, melhorarão seu desempenho nessa área e, com certeza, descobrirão a alegria de aprender.

Um abraço!

Os autores

Sumário

UNIDADE 1
LÍNGUA E LINGUAGEM 10

Para começo de conversa... 11

CAPÍTULO 1
COMUNICAÇÃO EM DIFERENTES LINGUAGENS 12

Prática de leitura – Crônica 12
Texto 1 – "Comunicação".. 12
   Por dentro do texto 14
   Texto e construção 16

Reflexão sobre o uso da língua.. 16
   Código, língua e linguagem 16
   Discurso. Situação de comunicação. Interlocutores............................ 18
   Aplicando conhecimentos 20

Prática de leitura – Tela 23
Texto 2 – "O grito".. 23
   Por dentro do texto 24

Reflexão sobre o uso da língua.. 26
   Revisão das classes gramaticais 26
   Aplicando conhecimentos 29

De olho na escrita 32
   Uso de g/j 32

Produção de texto 34

Leia mais 36

Preparando-se para o próximo capítulo 36

CAPÍTULO 2
TROCANDO EMOÇÕES E IMPRESSÕES PESSOAIS 37

Prática de leitura – História em quadrinhos 37
Texto 1 – "Persépolis 2".. 37
   Por dentro do texto 39

Prática de leitura – Romance 40
Texto 2 – "Rumo ao sol" 40
    Por dentro do texto 42

Reflexão sobre o uso da língua 43
    Comparação e metáfora 43
    Aplicando conhecimentos 45

Prática de leitura – Carta pessoal 47
Texto 3 – "Carta de Júlia Branca para vovô" 47
    Por dentro do texto 48
    Texto e construção 49

De olho na escrita 52
    Advérbio e locução adverbial 52
    Aplicando conhecimentos 54

Prática de leitura – Diário 57
Texto 4 – "O diário de Zlata" 57
    Texto e construção 59

Reflexão sobre o uso da língua 61
    Usos do verbo 61
    Aplicando conhecimentos 65

De olho na escrita 68
    Uso de x/ch 68

Produção de texto 70

Preparando-se para o próximo capítulo 71

UNIDADE 2
ENTRETENIMENTO É COISA SÉRIA 72

Para começo de conversa 73

CAPÍTULO 1
TROCANDO PASSES 74

Prática de leitura – Notícia 74
Texto 1 – "Mauricio de Sousa promete lançar
             personagem Neymar em breve" 74
    Por dentro do texto 75
    Texto e construção 76

De olho na escrita 77
    Uso de c, ç, s, ss e x 77

Prática de leitura – Artigo de opinião ... 79
Texto 2 – "Neymar, abra o olho!" ... 79
   Por dentro do texto ... 80

Reflexão sobre o uso da língua ... 82
   Pronome indefinido ... 82
   Aplicando conhecimentos ... 83

Prática de leitura – Notícia ... 84
Texto 3 – "Premiado com 'Oscar do Esporte',
      Raí pede legado olímpico no Brasil" ... 85
   Por dentro do texto ... 86

Reflexão sobre o uso da língua ... 87
   Modos do verbo: indicativo, imperativo, subjuntivo ... 87
   Aplicando conhecimentos ... 88

Produção de texto ... 89

Leia mais ... 91

Preparando-se para o próximo capítulo ... 91

CAPÍTULO 2
A IMAGINAÇÃO EM CENA ... 92

Prática de leitura – Texto dramático ... 92
Texto 1 – "A fuga" ... 93
   Por dentro do texto ... 97
   Texto e construção ... 98

Reflexão sobre o uso da língua ... 99
   Preposição ... 99
   Aplicando conhecimentos ... 100

De olho na escrita ... 104
   Palavras e expressões que causam dúvidas na escrita ... 104

Prática de leitura – Trecho de catálogo ... 106
Texto 2 – "Os saltimbancos" ... 106
   Por dentro do texto ... 107
   Texto e construção ... 108

Reflexão sobre o uso da língua ... 108
   Discurso direto e discurso indireto ... 108
   Aplicando conhecimentos ... 110

Prática de leitura – Auto de Natal ... 112
Texto 3 – "Auto de Natal" ... 112
   Por dentro do texto ... 114

Reflexão sobre o uso da língua 117
   Frase e oração 117
   Conjunção 118
   Aplicando conhecimentos 119

Produção de texto 122

Leia mais 123

Preparando-se para o próximo capítulo 123

UNIDADE 3
FICÇÃO E REALIDADE 124

Para começo de conversa 125

CAPÍTULO 1
HISTÓRIAS PARA FAZER PENSAR E HISTÓRIAS DE ARREPIAR 126

Prática de leitura – Narrativa de enigma 126
Texto 1 – "A liga dos cabeças vermelhas" 126
   Por dentro do texto 129

Reflexão sobre o uso da língua 130
   Pronome interrogativo e pronome relativo 130
   Aplicando conhecimentos 132

Prática de leitura – Narrativa de enigma 135
Texto 2 – "O pé do diabo" 135
   Por dentro do texto 138
   Texto e construção 139

Reflexão sobre o uso da língua 140
   Sujeito e predicado 140
   Aplicando conhecimentos 141

Prática de leitura – Narrativa de terror 144
Texto 3 – "O gato preto" 144
   Por dentro do texto 146
   Texto e construção 148

De olho na escrita 149
   Usos da vírgula 149

Produção de texto 150

Leia mais 152

Preparando-se para o próximo capítulo 152

CAPÍTULO 2
LER PARA INFORMAR-SE 153

Prática de leitura 153
Texto 1 – Fotografias 153

Prática de leitura 158
Texto 2 – Primeira página de jornal 158
   Texto e construção 159

Prática de leitura – Notícia 160
Texto 3 – "MPT lança campanha de combate ao trabalho infantil
          nas praias durante o período do verão" 160
   Por dentro do texto 161

Prática de leitura – Reportagem 163
Texto 4 – "*Bullying* e *cyber-bullying*: como não sofrer com isso" 163
   Por dentro do texto 164

Reflexão sobre o uso da língua 166
   Tipos de sujeito 166
   Aplicando conhecimentos 169

De olho na escrita 172
   Sons do x 172

Produção de texto 173

Leia mais 175

Preparando-se para o próximo capítulo 175

UNIDADE 4
LER É UMA VIAGEM 176

Para começo de conversa 177

CAPÍTULO 1
O LUGAR DO LIVRO EM MINHA VIDA 178

Prática de leitura – Depoimento 178
Texto 1 – "A troca" 178
   Por dentro do texto 179

Reflexão sobre o uso da língua 180
   Coesão textual (I) 180
   Aplicando conhecimentos 182

Prática de leitura – Conto maravilhoso 184
Texto 2 – "Os dois pequenos e a bruxa" 184
   Por dentro do texto 186
   Texto e construção 186

Reflexão sobre o uso da língua ... 189
   Coesão textual (II) ... 189
     Aplicando conhecimentos ... 190

Prática de leitura – Paródia do conto maravilhoso ... 195
Texto 3 – "Senhorita vermelho" ... 195
   Por dentro do texto ... 196

De olho na escrita ... 198

Produção de texto ... 202

Leia mais ... 204

Preparando-se para o próximo capítulo ... 204

CAPÍTULO 2
GUERREIROS, MITOS E HERÓIS ... 205

Prática de leitura ... 205
Texto 1 – "Ruth Rocha conta a Odisseia" ... 205
   Por dentro do texto ... 206
   Texto e construção ... 207

Reflexão sobre o uso da língua ... 210
   Verbos que indicam ação. Verbos que expressam atributos ou estado ... 210
     Aplicando conhecimentos ... 211

Prática de leitura – Romance (fragmento) ... 212
Texto 2 – "O leão, a feiticeira e o guarda-roupa" ... 212
   Por dentro do texto ... 214
   Texto e construção ... 216

Reflexão sobre o uso da língua ... 218
   Verbos de elocução ... 218
     Aplicando conhecimentos ... 219

De olho na escrita ... 220

Produção de texto ... 222

Leia mais ... 226

Apêndice ... 227

Glossário ... 251

Indicações de leituras complementares ... 253

Unidade 1

Língua e linguagem

Nesta unidade, você vai estudar:

- CÓDIGO, LÍNGUA E LINGUAGEM

- DISCURSO. SITUAÇÃO DE COMUNICAÇÃO. INTERLOCUTORES

- REVISÃO DAS CLASSES GRAMATICAIS: SUBSTANTIVO, ARTIGO, NUMERAL, ADJETIVO, PRONOME E VERBO

- COMPARAÇÃO E METÁFORA

- ADVÉRBIO E LOCUÇÃO ADVERBIAL

- USOS DO VERBO

- ORTOGRAFIA:

- USO DE G/J

- USO DE X/CH

PARA COMEÇO DE CONVERSA

Pintura rupestre no complexo de cavernas de Lascaux, França, datada de cerca de 17.000 anos atrás.

1) Observe a imagem acima e responda às questões propostas.

   a) A imagem que você observou representa um touro e foi pintada na Pré-História. Formule sua hipótese: por que o animal aparece pintado na parede da caverna?

   b) O que ela permite supor sobre o modo como os homens pré-históricos se comunicavam?

2) Com o passar do tempo, o homem desenvolveu o alfabeto para a comunicação escrita. Será que o alfabeto sempre foi do mesmo jeito que o conhecemos hoje? Formule sua hipótese.

3) Podemos dizer que o alfabeto contribuiu para a comunicação humana? Por quê?

4) Conhecer a língua é suficiente para estabelecermos uma boa comunicação? Comente.

Capítulo 1
COMUNICAÇÃO EM DIFERENTES LINGUAGENS

PRÁTICA DE LEITURA

Texto 1 – Crônica

Antes de ler

1. Você já se esqueceu de uma palavra importante durante uma conversa? Como você reagiu?

2. Como as pessoas costumam agir quando se deparam com uma dificuldade desse tipo na comunicação?

Leia o próximo texto para saber o que aconteceu em uma inesperada situação de comunicação.

Comunicação

É importante saber o nome das coisas. Ou pelo menos saber comunicar o que você quer. Imagine-se entrando numa loja para comprar um... um... como é mesmo o nome?

"Posso ajudá-lo, cavalheiro?"

"Pode. Eu quero um daqueles, daqueles..."

"Pois não?"

"Um... como é mesmo o nome?"

"Sim?"

"Pomba! Um... um... Que cabeça a minha. A palavra me escapou por completo. É uma coisa simples, conhecidíssima."

"Sim, senhor."

12

"O senhor vai dar risada quando souber."

"Sim, senhor."

"Olha, é pontuda, certo?"

"O que, cavalheiro?"

"Isso que eu quero. Tem uma ponta assim, entende? Depois vem assim, assim, faz uma volta, aí vem reto de novo, e na outra ponta tem uma espécie de encaixe, entende? Na ponta tem outra volta, só que esta é mais fechada. E tem um, um... Uma espécie de, como é que se diz? De sulco. Um sulco onde encaixa a outra ponta, a pontuda, de sorte que o, a, o negócio, entende, fica fechado. É isso. Uma coisa pontuda que fecha. Entende?"

"Infelizmente, cavalheiro..."

"Ora, você sabe do que eu estou falando."

"Estou me esforçando, mas..."

"Escuta. Acho que não podia ser mais claro. Pontudo numa ponta, certo?"

"Se o senhor diz, cavalheiro."

"Como, se eu digo? Isso já é má vontade. Eu sei que é pontudo numa ponta. Posso não saber o nome da coisa, isso é um detalhe. Mas sei exatamente o que eu quero."

"Sim, senhor. Pontudo numa ponta."

"Isso. Eu sabia que você compreenderia. Tem?"

"Bom, eu preciso saber mais sobre o, a, essa coisa. Tente descrevê-la outra vez. Quem sabe o senhor desenha para nós?"

"Não. Eu não sei desenhar nem casinha com fumaça saindo da chaminé. Sou uma negação em desenho."

"Sinto muito."

"Não precisa sentir. Sou técnico em contabilidade, estou muito bem de vida. Não sou um débil mental. Não sei desenhar, só isso. E hoje, por acaso, me esqueci do nome desse raio. Mas fora isso, tudo bem. O desenho não me faz falta. Lido com números. Tenho algum problema com os números mais complicados, claro. O oito, por exemplo. Tenho que fazer um rascunho antes. Mas não sou um débil mental, como você está pensando."

"Eu não estou pensando nada, cavalheiro."

"Chame o gerente."

"Não será preciso, cavalheiro. Tenho certeza de que chegaremos a um acordo. Essa coisa que o senhor quer é feita do quê?"

"É de, sei lá. De metal."

"Muito bem. De metal. Ela se move?"

"Bem... É mais assim. Presta atenção nas minhas mãos. É assim, assim, dobra aqui e encaixa na ponta, assim."

"Tem mais de uma peça? Já vem montado?"

"É inteiriço. Tenho quase certeza de que é inteiriço."

"Francamente..."

"Mas é simples! Uma coisa simples. Olha: assim, assim, uma volta aqui, vem vindo, vem vindo, outra volta e clique, encaixa."

"Ah, tem clique. É elétrico."

"Não! Clique, que eu digo, é o barulho de encaixar."

"Já sei!"

"Ótimo!"

"O senhor quer uma antena externa de televisão."

"Não! Escuta aqui. Vamos tentar de novo..."

"Tentemos por outro lado. Para que serve?"

"Serve assim para prender. Entende? Uma coisa pontuda que prende. Você enfia a ponta pontuda por aqui, encaixa a ponta no sulco e prende as duas partes de uma coisa."

"Certo. Esse instrumento que o senhor procura funciona mais como um gigantesco alfinete de segurança e..."

"Mas é isso! É isso! Um alfinete de segurança!"

"Mas do jeito que o senhor descrevia parecia uma coisa enorme, cavalheiro!"

"É que eu sou meio expansivo. Me vê aí um... um... Como é mesmo o nome?"

Luis Fernando Verissimo. *Amor brasileiro*.
Rio de Janeiro: José Olympio, 1977.

Por dentro do texto

1 Que personagens estão envolvidas na situação de comunicação apresentada no texto?

2 Por que o homem que deseja comprar o objeto tem dificuldades para realizar a compra?

3 Diante da dificuldade em se lembrar da palavra, o comprador tenta uma alternativa para conseguir transmitir sua mensagem. Indique como ele procede e transcreva um trecho do texto que comprove sua resposta.

4 Como o vendedor procura ajudar seu interlocutor?
_____
_____

- Por que o comprador não aceita a sugestão?
_____
_____

5 Nessa situação de comunicação, indique qual das personagens usa uma linguagem mais informal: o vendedor ou o comprador. Por que você acha que isso acontece?
_____
_____
_____

6 Leia os trechos a seguir, observando as palavras em destaque.

> "Um sulco onde encaixa a outra ponta, a pontuda, de sorte que **o**, **a**, **o** negócio, entende, fica fechado. É isso. Uma coisa pontuada que fecha. Entende?"
>
> "Bom, eu preciso saber mais sobre **o**, **a**, essa coisa. Tente descrevê-la outra vez."

José Luis Juhas

- Responda: por que nesses trechos são usados tantos artigos ao mesmo tempo?
_____
_____
_____
_____

7 Encontre no texto outras palavras que as personagens usaram por não conseguirem nomear o alfinete de segurança.
_____
_____

- Essas palavras conseguiram definir o objeto? Por quê?
_____
_____

15

Texto e construção

1 Os itens das colunas a seguir referem-se a características do gênero **crônica**. Preencha as explicações da coluna da direita e relacione as informações da primeira coluna às respostas da segunda coluna.

[ ] O texto narra um fato do cotidiano?	1. Ao mesmo tempo em que a crônica faz rir, ela também leva o leitor a refletir sobre os problemas de _____ que costumam ser vividos pelas pessoas.
[ ] O texto se apresenta em linguagem formal ou informal?	2. Em parágrafos. As _____ marcam a organização do discurso direto, o diálogo entre as personagens.
[ ] O texto tem uma intenção com relação ao leitor. Qual é?	3. O narrador e os interlocutores se comunicam usando uma linguagem _____.
[ ] De que modo o texto está estruturado?	4. Sim, ele trata de situações vividas no dia a dia: fazer compras, comunicar-se com alguém, passar por uma situação em que a comunicação não acontece do modo _____.

Importante saber

A **crônica** é um gênero textual de narrativa breve, geralmente produzida para ser publicada em jornais ou revistas. Refere-se a assuntos do cotidiano, apresenta linguagem coloquial e, às vezes, mistura os níveis de linguagem formal e informal. Muitas crônicas se estruturam em forma de diálogo, total ou parcialmente, o que produz no texto um efeito de atualidade e dinamismo.

Uma das características desse gênero textual é levar o leitor a refletir sobre um fato ou situação do cotidiano. Para isso, pode ou não utilizar o humor como recurso expressivo na construção de sentido do texto.

Alguns autores consideram a crônica como um gênero que navega entre o literário e o não literário. Outros afirmam que é muito difícil definir crônica, já que ela pode se alterar com o tempo ou conforme as intenções de quem a produz.

REFLEXÃO SOBRE O USO DA LÍNGUA

Código, língua e linguagem

1 Observe as imagens a seguir e identifique o que cada uma quer comunicar.

2 Observe agora esta outra imagem. Você é capaz de responder o que ela significa?

_____

3 Compare as imagens dos exercícios 1 e 2.

a) Por que foi possível entender as imagens do exercício 1?

_____
_____
_____

b) O que seria preciso para que a imagem do exercício 2 tivesse sentido para você?

_____
_____

4 Leia outro texto.

Fernando Gonsales. "Níquel Náusea". *Folha de S.Paulo*, 18 jul. 2005.

a) Nesse caso, por que não foi possível que o garoto lesse a mensagem do bilhete?

_____
_____

b) O que seria preciso para que o rato conseguisse se comunicar com o garoto?

_____
_____

17

> **Importante saber**
>
> Há milhares de anos o homem tenta registrar seus pensamentos, sentimentos e aspectos da vida. Inicialmente por meio de **imagens**, os seres humanos, ao longo de sua história, criaram outras linguagens gráficas, números, ideogramas, letras, permitindo maior comunicação, ou seja, criaram **códigos**.
>
> Para que possamos nos comunicar com alguém, é preciso que os códigos utilizados sejam compartilhados pelos indivíduos que participam dos atos de comunicação. Podemos citar, como exemplo, o código de trânsito, que permite ao motorista e aos pedestres estabelecerem uma comunicação.
>
> A **língua** também é um código, pois é um conhecimento partilhado que permite a comunicação entre os indivíduos de um grupo social. Cada língua se organiza de acordo com hábitos e tradições de um determinado grupo, refletindo a sua cultura.
>
> Podemos dividir as formas de comunicação em dois grandes grupos, de acordo com o código que utilizam.
>
> **Linguagem verbal** – quando o homem utiliza a **palavra** para se comunicar. A palavra, também chamada de **signo linguístico**, pode ser observada em situações de comunicação falada ou escrita.
>
> **Linguagem não verbal** – quando o homem se comunica por **gestos**, **expressões fisionômicas**, **imagens**, **sinais** etc.

Discurso. Situação de comunicação. Interlocutores

1 Leia esta HQ, que tem Zezo, o menino mais mal-humorado do mundo, como personagem principal.

Adão Iturusgarai. "Zezo". *Folha de S.Paulo*. São Paulo, 12 jul. 2005.

2 Quem faz a primeira enunciação, ou seja, a quem pertence a primeira mensagem?

3 Quem é o interlocutor?

_____

4 Qual é o conteúdo da mensagem do bilhete de Zezo?

_____

5 O autor do bilhete utilizou o código verbal ou o não verbal?

_____

6 Em que contexto ou situação a comunicação ocorreu?

_____
_____

Importante saber

Para compreender melhor as situações de comunicação, cabem algumas perguntas.

- Que informações são dadas a respeito do **assunto** de que se fala?

- Que informações são dadas sobre os **interlocutores**, ou seja, as pessoas ou personagens envolvidas: como falam? Qual o repertório desses falantes (ou seja, que posição social ocupam, que profissão exercem, quais são seus costumes, suas crenças, seus valores, o nível de linguagem de seu grupo social)?

- Quais são as informações sobre o lugar e a época em que ocorre a situação de comunicação?

- Quais são as informações sobre a **intenção** dos interlocutores com seu discurso?

Para enunciar um **discurso**, além dos recursos expressivos, ou seja, do conjunto de signos utilizados, outros elementos devem ser considerados: o locutor e o locutário (interlocutores), a intenção dos interlocutores, o contexto ou situação de comunicação.

Observe, na representação abaixo, a relação entre esses elementos.

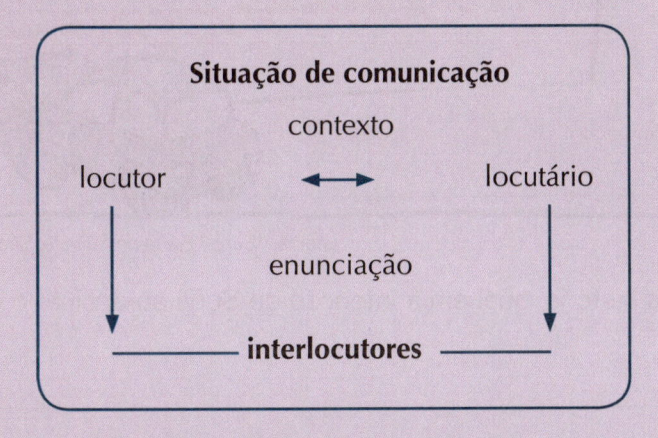

Situação de comunicação

contexto

locutor ⟷ locutário

enunciação

─── interlocutores ───

19

Aplicando conhecimentos

1 Observe as situações de comunicação a seguir e identifique se a linguagem utilizada é verbal ou não verbal e qual a mensagem comunicada.

_____
_____

2 O que foi preciso para que você compreendesse as mensagens transmitidas no exercício anterior?

_____

3 Leia a próxima tira.

Laerte. "Suriá". *Folha de S.Paulo*. São Paulo, 28 mai. 2005.

a) De acordo com a história, qual era a intenção de Suriá ao ensinar o carro selvagem a escrever?

_____
_____

b) Depois de ensinar o código verbal ao carro, Suriá conseguiu se comunicar com ele? Justifique.

_____

_____

4 Leia esta história em quadrinhos.

Fernando Gonsales. *Níquel Náusea: com mil demônios*. São Paulo: Devir, 2002.

a) Por que as crianças não compreenderam a atitude da avó, apesar de ela dizer que estava fazendo um cachecol?

_____

b) O que ocasionou a falta de compreensão da mensagem por parte dos netos?

_____

_____

c) De que maneira o mal-entendido poderia ser desfeito?

_____

5 Observe a seguinte situação comunicativa.

21

a) Na verdade, qual era a intenção do homem ao fazer a pergunta ao médico?

b) De que forma o médico interpretou a pergunta do homem de braço engessado?

c) Na sua opinião, o que pode ter interferido na situação comunicativa para que o médico não compreendesse a intenção do homem ao fazer a pergunta?

6 Leia o texto a seguir.

> Pedro e Maria encontram um avestruz na rua. A mãe lhes diz:
> – É melhor levá-lo ao zoológico!
> – É uma boa! – respondem os filhos.
> À tarde, a mãe vê de novo as crianças com o avestruz.
> – Mas vocês não iam levá-lo ao zoológico?
> – E levamos! Agora vamos levá-lo ao cinema!
>
> *Alegria & Cia.*, nº 11. São Paulo: Abril, 1990.

a) De quem é a primeira fala?

b) Com quem fala?

c) Na primeira fala, o que a mãe sugere que Pedro e Maria façam?

d) Com que intenção a mãe expressa essa mensagem?

e) Por que a mãe não conseguiu transmitir a sua mensagem? Por que as crianças deram uma resposta diferente daquela que ela esperava ouvir?

f) Determine o contexto em que se realiza o diálogo: onde ele ocorre e quando?

g) Por que esse texto é engraçado?

7 Leia este bilhete.

> Oi, Mariana!
> Você assistiu ao último capítulo da novela?
> Foi maravilhoso!
> Bia

- Que informação poderia ser acrescentada ao bilhete para que a mensagem ficasse mais clara?

_____
_____
_____
_____

PRÁTICA DE LEITURA

Texto 2 – Tela

Antes de ler

As cores podem representar sentimentos. A tristeza da morte em nosso país é representada pelo preto ou roxo e, em outros países, pelas cores azul ou branca. As cores também expressam convenções, como o uso da cor branca para simbolizar a paz.

Você saberia dar outros exemplos do que as cores podem representar?

Edvard Munch. *O grito*. 1893.
Têmpera sobre madeira, 91 cm x 73,5 cm.

Museu Nacional da Noruega. Foto: NYT

23

Por dentro do texto

1 Observe o quadro de Munch. Que cores predominam na tela?
_____
_____

- Que sentimentos as cores utilizadas nessa tela transmitem a você?
_____
_____

2 Que sentimento a pessoa representada em primeiro plano parece expressar? É possível afirmar que as cores da tela confirmam as sensações do ser em destaque na obra?
_____
_____

3 A tela representa uma pessoa de modo deformado. Em sua opinião, que efeito provoca o uso desse recurso? Justifique sua resposta.
_____
_____
_____

4 A paisagem, os objetos e as pessoas estão nitidamente separados ou são elementos que se misturam?
_____
_____

5 Leia algumas informações sobre o contexto de produção dessa obra de arte.

> **Edvard Munch** nasceu em Oslo, na Noruega, em 1863. Ele foi um dos maiores artistas do Expressionismo, um movimento cultural que surgiu na Alemanha, presente nas artes gráficas, na pintura, na escultura, no teatro, na música, na dança e no cinema, caracterizado pela apresentação exagerada de formas, pessoas e objetos.
>
> Os expressionistas costumavam distorcer formas e cores em busca da representação exacerbada dos sentimentos.
>
> Para fazer essa obra, Munch afirma, em seu diário, que se inspirou em uma cena que presenciou durante uma caminhada nas imediações de Oslo. A obra *O grito* foi repintada pelo artista muitas vezes até ele ficar satisfeito.

a) Para você, por que essa tela se chama *O grito*?
_____
_____
_____

b) Podemos dizer que as cores da obra são importantes na construção da mensagem que ela visa a transmitir? Por quê?
_____
_____
_____

6 Que cores transmitem a você os sentimentos e as sensações a seguir?

a) alegria _____

b) tristeza _____

c) dor _____

d) tranquilidade _____

e) frescor _____

f) angústia _____

g) vergonha _____

7 Se você quisesse traduzir toda a sua tristeza em um determinado momento, utilizando cores, qual delas escolheria?
_____
_____
_____

8 Muitas vezes, para comunicarmos algumas sensações ou sentimentos, valemo-nos das cores. Associe as frases da segunda coluna às situações apresentadas na primeira coluna.

❶ Esquecer algo de que se fala.

❷ Estar com muita raiva.

❸ Quando estamos de bem com a vida.

❹ Quando alguém fica com medo e desiste de enfrentar uma nova situação.

❺ Um jovem que ainda não está preparado para enfrentar a vida.

❻ Ter uma visão romântica da vida.

☐ Está tudo azul.

☐ Ficou roxo de ódio!

☐ Vê o mundo cor-de-rosa.

☐ Ele ainda é verde.

☐ Amarelou!

☐ Deu branco!

25

REFLEXÃO SOBRE O USO DA LÍNGUA

Revisão das classes gramaticais

Leia a lista com algumas das classes gramaticais e faça as atividades propostas para revisá-las.

- Substantivo
- Artigo
- Numeral
- Adjetivo
- Pronome
- Verbo

1 Na biografia de Edvard Munch são citadas as linguagens artísticas nas quais o expressionismo esteve presente:

pintura   escultura   teatro   música   dança   cinema

Essas palavras denominam ou caracterizam as linguagens artísticas?

___

Lembre-se

A palavra que dá nome a algo ou a alguém é chamada substantivo. O substantivo nomeia pessoas, animais, ações, sensações, sentimentos, ideias, desejos etc.

---

2 Volte a observar a pintura de Munch na página 25.

a) Escreva o nome de dois sentimentos ou sensações que a pintura *O grito* despertam em você.

___

b) A que classe gramatical pertencem essas palavras?

___

3 Há palavras que acompanham os substantivos: o, a, os, as, um, uma, uns, umas.

a) No título da obra *O grito*, a palavra "o" define que substantivo?

___

26

b) Indique a que classe gramatical pertence a palavra "o" no título da pintura de Munch.

___

> **Lembre-se**
>
> As palavras **o**, **a**, **os**, **as**, **um**, **uma**, **uns**, **umas**, que acompanham substantivos, no singular ou plural, no masculino ou feminino, são chamadas **artigos**. Os artigos podem particularizar ou generalizar um ser de determinado grupo.
>
> Os artigos que particularizam são chamados **definidos**. São artigos definidos: o, a, os, as.
>
> Os artigos que generalizam são chamados **indefinidos**. São artigos indefinidos: um, uma, uns, umas.

4 Sublinhe dois artigos indefinidos na frase a seguir, retirada do texto lido.

> "Para fazer essa obra, Munch afirma, em seu diário, que se inspirou em uma cena que presenciou durante uma caminhada [...]"

5 Observe os créditos da obra de arte:

Edvard Munch. *O grito*. 1893.
Têmpera sobre madeira. 91 cm x 73,5 cm.

a) Escreva por extenso a resposta que corresponde ao ano de criação da obra de arte.

___

> **Lembre-se**
>
> As palavras que indicam número pertencem à classe gramatical dos numerais.
>
> - Ao indicar **quantidade**, são chamadas de **numerais cardinais**. Por exemplo: sete, cinco, dez. (O pagamento será dividido em **cinco** parcelas.)
>
> - Há casos em que o numeral indica **ordem**. Por exemplo: terceira, quarta, décima. (Quem está aqui pela **primeira** vez?)
>
> - Os numerais também podem indicar **multiplicação**. Por exemplo: dobro, triplo. (Paula ganha o **triplo** do que ganha Janete.)
>
> - E fração, quando indicam **parte** de um todo. São os **numerais fracionários**. Por exemplo: três quartos, sete doze avos. (Janete ganha **um terço** do que Paula ganha.)

b) Escreva, por extenso, os numerais que correspondem às dimensões da tela pintada por Munch.

6 Observe as expressões e sublinhe em cada uma delas a palavra que tem a função de caracterizar, qualificar ou especificar algo.

a) artista expressionista

b) impressionismo alemão

c) rosto deformado

d) intenso vermelho

e) apresentação exagerada

f) cores frias

> **Lembre-se**
>
> As palavras que modificam outras palavras, atribuindo-lhes características são chamadas **adjetivos**.

7 Com base em suas impressões, escreva três adjetivos para qualificar a tela de Munch.

O grito, de Edvard Munch é uma obra _____,

_____ e _____.

8 Releia o trecho a seguir:

> "Edvard Munch nasceu em Oslo, na Noruega, em 1863. Ele foi um dos maiores artistas do Expressionismo."

- Sublinhe a palavra que retoma e substitui o nome Edvard Munch.

9 Releia o trecho a seguir.

> "Para fazer essa obra, Munch afirma, em seu diário, que se inspirou em uma cena que presenciou durante uma caminhada [...]"

- Sublinhe a palavra indicadora de que o substantivo "diário" corresponde a um objeto de Edvard Munch.

> **Lembre-se**
>
> As palavras que servem para se referir a nomes, para representá-los ou substituí-los são chamadas de **pronomes**.
>
> No ano anterior, você estudou os pronomes pessoais retos e oblíquos, os pronomes de tratamento, os pronomes possessivos e os demonstrativos. Para recordar os diferentes tipos de pronome, consulte o apêndice no final deste livro.

10 Leia as informações a seguir.

Munch viveu na Europa e pintou a tela *O grito* em 1893. Ele repintou a obra muitas vezes até ficar satisfeito com o resultado.

a) Copie as palavras que indicam as ações realizadas pelo pintor.

_____

b) Essas palavras indicam ações no tempo presente, passado ou futuro?

_____

Lembre-se

As palavras que exprimem ações que acontecem em determinado tempo fazem parte de uma classe gramatical chamada **verbo**.

Quando o verbo não se refere a nenhuma pessoa ou tempo verbal, dizemos que ele está no **infinitivo**. Em português, todos os verbos pertencem a três conjugações e, para identificar a que conjugação um verbo pertence, é preciso colocá-lo no infinitivo e examinar sua terminação.

1ª conjugação: AR	2ª conjugação: ER	3ª conjugação: IR
abrigar	responder	pedir
levar	correr	dirigir

No ano anterior, você estudou os modos e tempos verbais. Para recordá-los, consulte o apêndice no final deste livro.

Aplicando conhecimentos

1 No texto a seguir estão faltando três substantivos, dois adjetivos, dois artigos, dois pronomes e quatro verbos. Essas palavras estão no quadro abaixo. Encaixe-as no texto e, em seguida, distribua essas palavras na tabela que o segue, de acordo com a classe gramatical à qual pertencem.

rei – estava – misteriosa – sua – bela – um – si – seria – torneio – a – Artur – casou – foi

O Rei Artur

Ao ficar viúva, Igraine _____-se com Uther Pendragon, mas o nascimento de seu filho Artur continuava em segredo: a criança fora concebida antes do casamento, quando Uther Pendragon assumira a aparência do duque de Tintagel. O recém-nascido fora entregue a Merlin, que o confiou ao nobre Antor e à sua esposa.

29

Uther Pendragon e Igraine não tiveram outro filho, de modo que, quando o rei morreu, não havia sucessor. Consultado, Merlin profetizou que _____ misterioso rei "escolheria a _____ mesmo no próximo Natal". Perplexos, os súditos esperaram a data com impaciência.

No dia de Natal, todos os barões estavam reunidos em Londres – cada qual se julgando o escolhido – quando se descobriu que no andro da catedral aparecera misteriosamente durante a noite uma bigorna. Nela _____ cravada uma espada, cuja lâmina reluzia a inscrição: "Aquele que me tirar desta bigorna será o novo _____".

Foram muitos os candidatos, mas, como todos fracassassem, a prova _____ transferida para o ano-novo. Nesse meio-tempo, organizou-se um torneio para acalmar os ânimos.

O nobre Antor também fora a Londres, acompanhado de seu filho Keu e de Artur, nessa altura um adolescente. Keu resolveu participar do _____ e pediu a Artur que fosse buscar _____ espada na hospedaria. Ao passar diante da bigorna, Artur voltou-se para a espada _____.

– Por que ir tão longe? Temos aqui uma _____ espada – pensou o jovem.

Sem nenhuma dificuldade, retirou a espada da bigorna e logo se viu cercado de barões.

Artur teve de repetir a prova várias vezes até que todos se renderam às evidências: aquele jovem desconhecido _____ o novo rei! Armado cavaleiro, _____ foi coroado no dia de Pentecostes, tendo sempre consigo _____ resplandecente espada mágica Excalibur, concebida no outro mundo. [...]

Claude-Catherine Ragachi. *A cavalaria: mitos e lendas.* São Paulo: Ática, 1995.

Substantivo	
Adjetivo	
Artigo	
Pronome	
Verbo	

2 O bilhete a seguir foi escrito por Oswald de Andrade e dirigido a Clarice Lispector, dois grandes nomes da literatura brasileira. Leia-o.

> Clarice,
>
> Você quer perguntar? Pergunte. E converse também comigo e com minha mulher, Maria Antonieta d'Alkimin e com minha filhinha de 4 meses, Antonieta Marília de Oswald de Andrade. Responda de Berna ou do alto-mar, que se parece com você.
>
> Devotadamente,
>
> o Oswald
>
> R. Mons. Passalagna, 142.

Disponível em: <www.revista.agulha.nom.br>. Acesso em: 16 fev. 2006.

a) Copie do bilhete:

- A palavra que corresponde ao nome do emissor (locutor) do bilhete.
  ___
- A palavra que corresponde ao nome do destinatário do bilhete.
  ___
- O artigo definido que acompanha um desses nomes.
  ___

b) A que classe gramatical correspondem as palavras copiadas?
___
___

c) No decorrer do bilhete, Oswald sugere a Clarice que faça três ações diferentes. Copie do bilhete as palavras que correspondem às ações sugeridas.
___

- A que classe gramatical correspondem essas palavras?
___

d) Além do nome do emissor e do destinatário do bilhete, há no texto mais quatro substantivos próprios. Copie-os do texto e indique o que eles nomeiam.
___
___
___

31

e) Dê a classe gramatical das seguintes palavras retiradas do bilhete.

- você: _____

- comigo: _____

- minha: _____

- quer: _____

3 O bilhete a seguir foi escrito por uma menina a um amigo chamado Deusinho, ambos personagens do livro *Foi! Não foi! Foi!* Complete-o com as palavras do quadro de acordo com as classes gramaticais indicadas.

baixo – três – abandonada – pula – o – Júlia – você – uma

Deusinho,

Você sabe onde moro. Sabe o terreno do lado? Lá tem _____ (artigo) cabana _____ (adjetivo). É fácil pular _____ (artigo) muro.

Sobe no ipê-amarelo, sobe no muro e _____ (verbo). É _____ (adjetivo).

Espero _____ (pronome de tratamento) lá, segunda-feira, às _____ (numeral) da tarde.

_____ (substantivo)

Luzia Lacerda. *Foi! Não foi! Foi!* Rio de Janeiro: Record, 2005.

DE OLHO NA ESCRITA

Uso de g/j

1 Observe o que está destacado nas palavras do quadro e na relação estabelecida entre elas quanto à sua grafia:

Gesso → engessar – engessador	Nojo → nojeira – nojento
Massagem → massagista – massageador	Loja → lojinha – lojista

Veja que, nos quatro exemplos, há duas palavras derivadas de outra. Você pode observar que para grafá-las:

- Emprega-se o G nas palavras derivadas de outras que se grafam com G.

- Emprega-se o J nas palavras derivadas de outras que se grafam com J.

De acordo com o que você viu na tabela, faça o mesmo com as palavras a seguir:

a) jeito: _____

b) região: _____

c) laranja: _____

d) refúgio: _____

e) ágil: _____

f) lisonja: _____

2 Há outras orientações para o emprego correto das letras **g** e **j** na grafia de palavras. Leia-as.

> **Emprega-se a letra G:**
> - Na escrita de palavras que terminam em: -ágio, -égio, -ígio, -ógio, -úgio. Exemplos: contágio, colégio, prodígio, relógio, refúgio.
> - Nos substantivos que terminam em: -gem, -igem, -ugem.
>   Exemplos: miragem, origem, rabugem.
> - Nos verbos que terminam em: -ger, -gir, antes das vogais **e** e **i**.
>   Exemplos: proteger – (Ele) protege, (Eu) protegi; agir – (Ele) age, (Eu) agi.

> **Emprega-se a letra J:**
> - Nas formas de conjugação dos verbos terminados em -jar ou -jear.
>   Exemplos: despejar – despejei, despejávamos, despeje; viajar – viajo, viajaste, viajaríamos; festejar – festeja, festejaríeis, festejamos; gorjear – gorjeio, gorjearão, gorjeiem.
> - Nas palavras de origem tupi ou africana.
>   Exemplos: pajé, jiboia, jenipapo, canjerê.

Agora, complete as palavras com **g** ou **j** de acordo com o que você aprendeu:

a) Meu filho gosta muito dos sucos de ca____u e de ca____á.

b) Antigamente, eu a____ia de forma impulsiva; agora, a____o calmamente.

c) Assim disse o poeta: "As aves que aqui gor____eiam, não gor____eiam como lá".

d) Eu não conheço ____iló, mas sei que é uma palavra de origem africana.

e) Viajar é bom mesmo que a via____em não seja aquela dos seus sonhos.

f) A penu____em de gansos é usada para enchimento de travesseiros.

g) Eu não fin____o ao dizer que a____iu bem aquele que prote____eu verdadeiramente a natureza a duras penas; porém, aqueles que fin____em, prote____am-se a si mesmos.

33

PRODUÇÃO DE TEXTO

Antes de iniciar a sua proposta de produção de texto, leia mais uma crônica que também apresenta uma indefinição dos objetos sobre os quais duas mulheres conversam. Após a leitura, com base na leitura do texto, converse com os colegas e o professor e deduzam que relação existe entre as duas interlocutoras que estabelecem o diálogo.

A vaguidão específica

— Maria, ponha isso lá fora em qualquer parte.

— Junto com as outras?

— Não ponha junto com as outras, não. Senão pode vir alguém e querer fazer qualquer coisa com elas. Ponha no lugar do outro dia.

— Sim, senhora. Olha, o homem está aí.

— Aquele de quando choveu?

— Não, o que a senhora foi lá e falou com ele no domingo.

— Que é que você disse a ele?

— Eu disse pra ele continuar.

— Ele já começou?

— Acho que já. Eu disse que podia principiar por onde quisesse.

— É bom?

— Mais ou menos. O outro parecia mais capaz.

— Você trouxe tudo pra cima?

— Não senhora, só trouxe as coisas. O resto não trouxe porque a senhora recomendou pra deixar até a véspera.

— Mas traga. Na ocasião, nós descemos tudo de novo. É melhor, senão atravanca a entrada e ele reclama como na outra noite.

— Está bem, vou ver como.

Millôr Fernandes. *30 anos de mim mesmo*. São Paulo: Círculo do Livro, 1975.

Você vai agora escrever uma crônica. Em seguida, que tal fazer uma roda para ler as crônicas da turma? Nesse dia, os alunos poderão apresentar suas produções e se divertir com as histórias dos colegas.

Antes de escrever o texto, recorde as características da crônica "Comunicação", de Luis Fernando Verissimo.

- O narrador pouco aparece durante a história, pois o texto apresenta um diálogo em que é possível perceber alternância de falas sem a interferência do narrador.

- Representa uma situação que poderia acontecer na vida real.
- Está escrito em linguagem coloquial.
- Há presença de humor como recurso expressivo.
- Leva o leitor a refletir sobre o assunto principal do texto: a questão da comunicação.

PLANEJE SEU TEXTO

Responda a cada um dos itens do quadro. Amplie o número de itens, se precisar. Verifique se cumpriu o planejado na hora de avaliar o texto.

PARA ESCREVER A CRÔNICA	
1. Qual é o público leitor do texto?	
2. Que linguagem vou empregar?	
3. Qual é a estrutura que o texto vai ter?	
4. Onde o texto vai circular?	

ORIENTAÇÕES PARA A PRODUÇÃO

1. Faça uma lista de situações cotidianas em que poderia haver problemas de comunicação ou desencontro de informação.
2. Escolha uma das situações sugeridas e produza sua crônica dialogada. Você pode seguir a mesma estrutura do texto "Comunicação", de Luis Fernando Verissimo, visto no início deste capítulo.
3. Caso opte por escrever um texto que consistirá no diálogo entre duas personagens, use a estrutura do discurso direto, iniciando cada fala com travessão ou colocando-as entre aspas. Se, além do diálogo entre personagens, a crônica tiver narrador, estruture o texto em parágrafos e empregue a pontuação do discurso direto quando o texto assim o exigir.
4. Lembre-se de que a crônica de Luis Fernando Verissimo apresentou um diálogo. Verifique o perfil das personagens que participarão do diálogo no texto e faça a adequação do nível de linguagem delas no texto.
5. Se quiser imprimir ao texto um dinamismo maior, evite alongar as falas nos diálogos.
6. Procure decidir como o diálogo terminará: se será um final surpreendente para o leitor, se as falas finais vão propor uma reflexão (mesmo que para isso se empregue o humor).

AVALIAÇÃO E REESCRITA

Após a escrita do texto:
1. Confira se cumpriu todos os itens do quadro de planejamento.
2. Verifique se o diálogo entre as personagens contém elementos suficientes para demonstrar qual é o problema de comunicação que se estabelece no contexto comunicativo. Caso perceba que as falas não foram suficientes para que o leitor compreenda o texto, altere-as ou acrescente falas intermediárias

3. Faça uma leitura da crônica, observe se o diálogo flui ou se há repetições e truncamentos no texto que tornam as falas artificiais, forçadas. Para reescrever, tenha em conta que o diálogo precisa parecer ao leitor o mais natural possível.

4. Sublinhe os problemas ortográficos e retire ou acrescente sinais de pontuação quando for necessário. Por fim, passe o texto a limpo.

LEIA MAIS

Vá à biblioteca da escola e pesquise outros livros com crônicas. Descubra novos autores e indique essas leituras para seus colegas. Sob a orientação do professor, a sala de aula de sua turma poderá ter um mural permanente com sugestões de leitura que vão sendo trocadas ou ampliadas a cada capítulo deste livro. Para isso, não é preciso pesquisar apenas títulos relacionados ao gênero textual produzido, mas também outros que foram lidos durante o capítulo. Criem um modelo de tarja de cartolina ou outro tipo de papel firme com tamanho específico para anotar o nome da sugestão de leitura. Veja um exemplo de como fazer a sugestão:

Minha indicação:

Luis Fernando Verissimo. *Amor brasileiro*. Rio de Janeiro: José Olympio.

Nome do aluno que indicou o livro.

PREPARANDO-SE PARA O PRÓXIMO CAPÍTULO

Prepare-se para o tema do próximo capítulo lendo o texto a seguir.

Mascarados

Saiu o Semeador a semear
Semeou o dia todo
e a noite o apanhou ainda
com as mãos cheias de sementes.
Ele semeava tranquilo
sem pensar na colheita
porque muito tinha colhido
do que outros semearam.
Jovem, seja você esse semeador.
Semeia com otimismo
Semeia com idealismo
as sementes vivas
da Paz e da Justiça.

Cora Coralina. *Estórias da casa da velha ponte*.
São Paulo: Global, 1985.

Capítulo 2
TROCANDO EMOÇÕES E IMPRESSÕES PESSOAIS

PRÁTICA DE LEITURA

Leia a seguir o trecho do livro *Persépolis 2*, uma narrativa autobiográfica em quadrinhos que tem como personagem principal uma menina iraniana. Como muitas crianças de várias partes do mundo, ela vive situações desencadeadas pela guerra.

Texto 1 – História em quadrinhos

Marjane Satrapi. *Persépolis 2*. São Paulo: Companhia das Letras, 2005.

Por dentro do texto

1. O país onde se passa essa história é o Irã. Você sabe onde se localiza esse país? Pesquise em um atlas e diga a que continente ele pertence.
   _____

   • A que guerra a personagem está se referindo?
   _____

2. A narradora é também personagem da história. Como é possível perceber isso?
   _____
   _____

3. Em que ambientes aparece a personagem principal?
   _____

4. Também na escola, há preocupação com a guerra. Como é possível perceber isso no texto?
   _____

5. É possível afirmar que a redação escrita por Pardis contém um relato pessoal?
   _____

6. No penúltimo quadrinho, a narradora-personagem tenta consolar a amiga. Qual é o consolo que ela oferece a Pardis?
   _____

   • A narradora-personagem foi original ao dar esse consolo à amiga?
   _____

7. Releia a última fala de Pardis. É possível, por essa fala, entender o que Pardis pensa da guerra. Qual é a opinião dela?
   _____
   _____
   _____

8. E você? Qual é sua opinião sobre isso?
   _____
   _____

39

PRÁTICA DE LEITURA

Texto 2 – Romance (fragmento)

Antes de ler

1. Leia o título do próximo texto e responda: que ideias ele lhe sugere? Que imagens vêm ao seu pensamento ao ler esse título?

2. Leia o primeiro parágrafo. Podemos afirmar que se trata de um texto narrativo? Justifique sua resposta.

3. O que você já sabe sobre T'ô?

Rumo ao sol

T'ô para de tocar flauta. Ela sabe que começou a chorar. Uma lágrima corre ao longo da face, contorna os lábios e penetra na boca: ela sente o gosto salgado desta lágrima. A menina coloca a flauta no colo, levanta o canto de sua camisa *bába* e enxuga as lágrimas. Ela sorri para ela mesma.

Os bosques são tão frescos de manhã. T'ô escuta o murmúrio das folhas. Sabe que, se não fosse cega, teria apenas de erguer os olhos a fim de ver as folhas que tremulam e que acenam para ela. É primavera: as folhas estão verdes e amarelas e o sol de abril, passando através delas, chega aos olhos de T'ô. Sabe também que, embora cega, o raio de sol suave e benfazejo de certo modo consegue atingir seus olhos. Entretanto, parece que ela realmente esqueceu como as folhas podem ser verdes desde que ficou cega, há seis anos. Ela pode também ter esquecido os traços e expressões exatas do rosto do pai, pois faz agora dois anos que ele morreu.

T'ô só se lembra claramente dos traços da mãe, porque cada noite, antes de dormir, levanta a mão e toca seu rosto. Ela passa a mão neste rosto como se quisesse descobrir e redescobrir seus traços, como se quisesse aprender ainda e sempre a mesma lição para nunca esquecer uma só linha do rosto daquela que lhe é a pessoa mais querida do mundo. Ela descobriu também que os traços do rosto da mãe se enrugavam à medida que passavam os dias.

T'ô mal tem nove anos, mas toca flauta muito bem. Foi o pai que lhe ensinou como tocar. Ele era lenhador e viviam na orla da floresta. T'ô era uma menininha feliz. Ia à escola na Aldeia de Cima. Cada manhã, saía com o pai e se despediam no ponto onde a estrada da montanha se bifurcava no pé da colina. O pai de T'ô, com a machadinha no ombro, continuava a subir rumo à floresta mais densa, enquanto T'ô seguia uma senda familiar e atravessava duas outras colinas, antes de chegar finalmente à escola da Aldeia. Debaixo do braço, carregava uma pasta de madeira que continha seu caderno, sua caneta, lápis e borracha e uma flauta de bambu que ela mesma tinha feito, ajudada pelo pai. [...]

T'ô voltava da escola lá pelas duas horas. A mãe lhe servia o almoço. Às quatro, o pai aparecia com um carregamento de lenha nas costas. [...]

A casa deles, pequena e de madeira, era construída no flanco da colina, abaixo da floresta. A cerca de trezentos metros corria um riacho que saía da parte de baixo da colina. T'ô gostava muito de brincar à beira deste riacho. Algumas vezes colhia estranhas e belas flores do campo das quais ignorava os nomes.

Foi então que o pai de T'ô morreu. Ele tinha sido obrigado a partir para a guerra. Esteve soldado durante menos de um ano antes de ser morto. Quando chegou a notícia, a mãe de T'ô se desesperou e chorou como nunca havia feito antes. T'ô só tinha sete anos e não sabia todo o significado da morte. Mas quando viu a sua mãe rolar na cama soltando gritos desesperados, ela também sentiu a mesma dor, ajoelhou-se e a abraçou. Mãe e filha amparavam-se mutuamente. Foi então, só então, que T'ô se deu conta de que o pai nunca mais voltaria. Ele estava morto. Tinha morrido como aquele passarinho que um dia ela tinha visto na margem do riacho. Ele não mexia mais: jazia inerte, não ouvindo nem vendo mais nada. O passarinho tinha voltado a ser terra. Lembrando-se do passarinho, T'ô pensou que agora sabia o que tinha acontecido ao pai e ficou muito triste. E esta tristeza espalhou-se no seu coração e no seu espírito. Seu pai tinha morrido: tinha se decomposto para virar solo, terra. Nunca mais voltaria de tarde com a carga de lenha. Não iria mais brincar com ela na orla da floresta ou na margem do riacho. Nunca mais falaria com ela, não a levantaria mais nos braços, não a olharia mais nos olhos. T'ô estava muito triste. E quanto mais passavam os dias, mais profunda ficava sua tristeza. [...]

E era enquanto tocava flauta que T'ô sentia uma profunda tristeza. Essa tristeza era como um caranguejo, com fortes pinças que se agarravam nela e a feriam. Após um momento, parava de tocar as músicas que o pai lhe tinha ensinado e inventava outras. Com o correr do tempo, inventava cada vez mais músicas. Era reconfortante tocar novas melodias. Seu coração se libertava das garras do caranguejo. De fato, às vezes ela chorava quando estava só, mas as lágrimas a tornavam mais leve e a aliviavam. Ela imaginava que suas lágrimas descarregavam seu coração, pois quanto mais chorava, mais leve ele se tornava e menos dor ela sentia.

Thich Nhât Hanh. *Flamboyant em chama*. Petrópolis: Vozes, 1989.

Por dentro do texto

1 Que sentimentos esse texto despertou em você?
_____
_____

2 Como você imagina T'ô? O que o texto diz sobre ela?
_____
_____
_____

3 Como é o lugar onde se passa a história? Descreva-o.
_____

4 Qual foi a causa da morte do pai de T'ô?
_____

5 Transcreva do texto um trecho descritivo.
_____
_____
_____

6 Explique o sentido das frases a seguir.

a) "Essa tristeza era como um caranguejo, com fortes pinças que se agarravam nela e a feriam."
_____
_____

b) "Seu coração se libertava das garras do caranguejo."
_____
_____

7 Releia o trecho a seguir.

> "[...] T'ô se deu conta de que o pai nunca mais voltaria. Ele estava morto. Tinha morrido como aquele passarinho que um dia ela tinha visto na margem do riacho. Ele não mexia mais: jazia inerte, não ouvindo nem vendo mais nada. O passarinho tinha voltado a ser terra."

42

a) A que T'ô compara a morte de seu pai? _____

_____

b) O que T'ô quis dizer ao fazer essa comparação?

_____

_____

8 Que títulos você daria para cada parágrafo do texto, considerando as ideias predominantes em cada um deles?

a) Parágrafo 1. _____

b) Parágrafo 2. _____

c) Parágrafo 3. _____

d) Parágrafo 4. _____

e) Parágrafo 5. _____

f) Parágrafo 6. _____

g) Parágrafo 7. _____

h) Parágrafo 8. _____

REFLEXÃO SOBRE O USO DA LÍNGUA

Comparação e metáfora

1 Releia estes trechos do texto.

Trecho 1

"A casa deles, pequena e de madeira, era construída no flanco da colina, abaixo da floresta."

Trecho 2

"Foi então, só então, que T'ô se deu conta de que o pai nunca mais voltaria. Ele estava morto. Tinha morrido como aquele passarinho que um dia ela tinha visto na margem do riacho. Ele não mexia mais: jazia inerte, não ouvindo nem vendo mais nada. O passarinho tinha voltado a ser terra. Lembrando-se do passarinho, T'ô pensou que agora sabia o que tinha acontecido ao pai e ficou muito triste."

43

a) Sobre que assuntos o narrador fala nos trechos 1 e 2?

_____

_____

b) Leia estas afirmações e identifique a que trechos elas correspondem.

  I. Em um dos trechos há uma comparação.

  II. Um dos trechos não apresenta nenhuma comparação.

_____

c) Identifique a frase em que se estabelece a comparação e transcreva-a abaixo.

_____

d) Que palavra é responsável pela comparação entre dois elementos diferentes?

_____

2 Leia o exemplo abaixo, observando a palavra que estabelece a comparação.

A morte é **como** um filme que parou de repente.

- Agora, observe a construção de outra frase sem o uso do elemento comparativo.

A morte é um filme que parou de repente.

a) É possível afirmar que nas duas frases a morte é comparada a um filme?

_____

b) Qual é a diferença entre as maneiras de fazer essa comparação?

_____

c) Por quais palavras do quadro a seguir é possível substituir a palavra **como** para realizar a comparação?

> semelhante a   tanto   que nem   igual a   tal qual   muito mais

_____

Importante saber

Quando aproximamos seres, ideias e acontecimentos que têm uma característica comum, empregando elementos comparativos (**como**, **tal qual**, **feito**, **parece**, **tanto quanto**), estamos criando uma figura de linguagem chamada **comparação**.

Quando não aparece o elemento comparativo, a aproximação entre os seres comparados é direta. A essa figura de linguagem dá-se o nome de **metáfora**. Veja os exemplos:

"Essa tristeza era como um caranguejo, com fortes pinças." → **Comparação**
"Essa tristeza era um caranguejo, com fortes pinças." → **Metáfora**

Agora observe as diferenças:

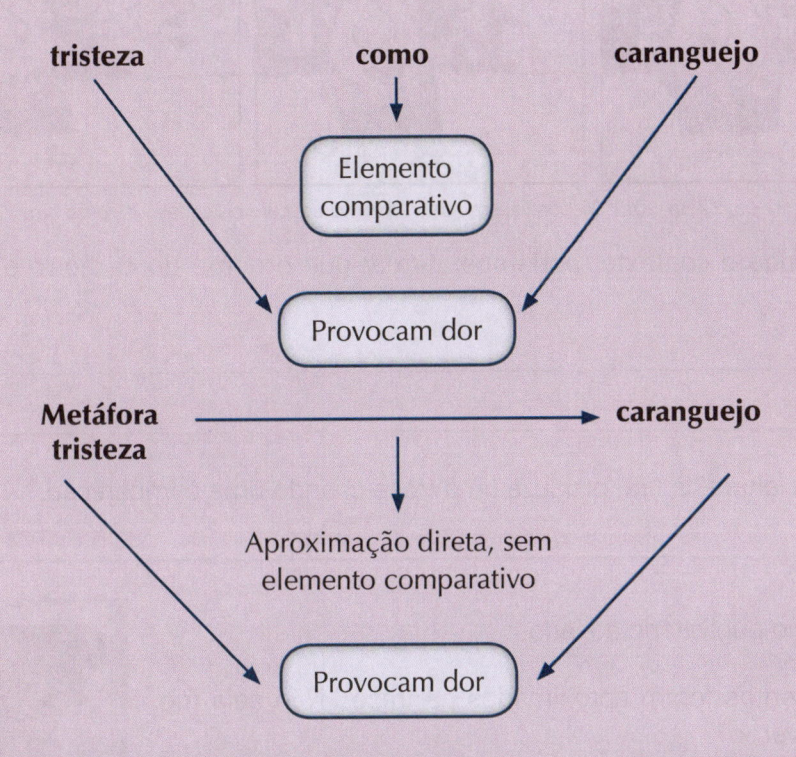

tristeza — **como** — **caranguejo**

Elemento comparativo

Provocam dor

Metáfora
tristeza ⟶ **caranguejo**

Aproximação direta, sem elemento comparativo

Provocam dor

As metáforas devem ser interpretadas de acordo com seu **contexto de uso**. Mas algumas metáforas são tão usadas, tão comuns, tão habituais, que não há mais a necessidade de interpretá-las. A compreensão se tornou imediata. É o caso dos exemplos abaixo.

Você está fazendo tempestade num copo-d'água.

Ele ficou numa saia-justa.

Veja que, no segundo exemplo, o sentido da metáfora é tão comum que é usada também para o masculino, mesmo que a saia seja, geralmente, uma vestimenta feminina.

Aplicando conhecimentos

1 Complete as frases com uma palavra ou expressão que estabeleça uma relação de comparação com o termo em destaque. Veja o exemplo:

A menina **cantava** feito um pássaro.

a) A manhã surgia como _____

b) A música de T'ô era tão suave quanto _____

c) A morte do pai de T'ô a feriu tal qual _____

d) As lágrimas da menina eram salgadas feito _____

45

2 Leia a tira seguinte:

> QUEREM VER COMO MEU CACHORRO É RÁPIDO?

> FAÍSCA! VENHA PEGAR O PAUZINHO!

> VIRAM?

Fernando Gonsales, 27 jan. 2012. Disponível em: <http://www2.uol.com.br/niquel/>. Acesso em: 13 fev. 2012.

a) Considerando o contexto, podemos afirmar que o nome do cachorro é uma metáfora? Justifique.

_____

_____

b) A partir da leitura da tira, produza uma frase criando uma comparação.

_____

3 Leia o anúncio publicitário ao lado:

a) Que elementos foram aproximados na frase "Não seja frio como o inverno"?

_____

b) A palavra "frio", nesse contexto, apresenta duplo sentido. Quais são eles?

_____

_____

_____

[NÃO SEJA FRIO COMO O INVERNO.]

DOE AQUI
agasalhos para quem precisa.

Disponível em: <http://ccsp.com.br/novo/pop_pecas.php?id=38273>. Acesso em: 13 fev. 2012.

4 Leia as metáforas a seguir:

- Em terra de cego, quem tem um olho é rei.
- Quem semeia vento colhe tempestade.
- O que os olhos não veem, o coração não sente.
- Água mole em pedra dura tanto bate até que fura.

a) Por que podemos afirmar que as frases lidas são metáforas?

_____

_____

b) Explique o significado de cada uma das frases.

___

PRÁTICA DE LEITURA

Este texto revela as ações de uma menina que busca resolver o problema de seu amigo comunicando-se com seu avô por meio de uma carta pessoal. Leia-o.

Texto 3 – Carta pessoal

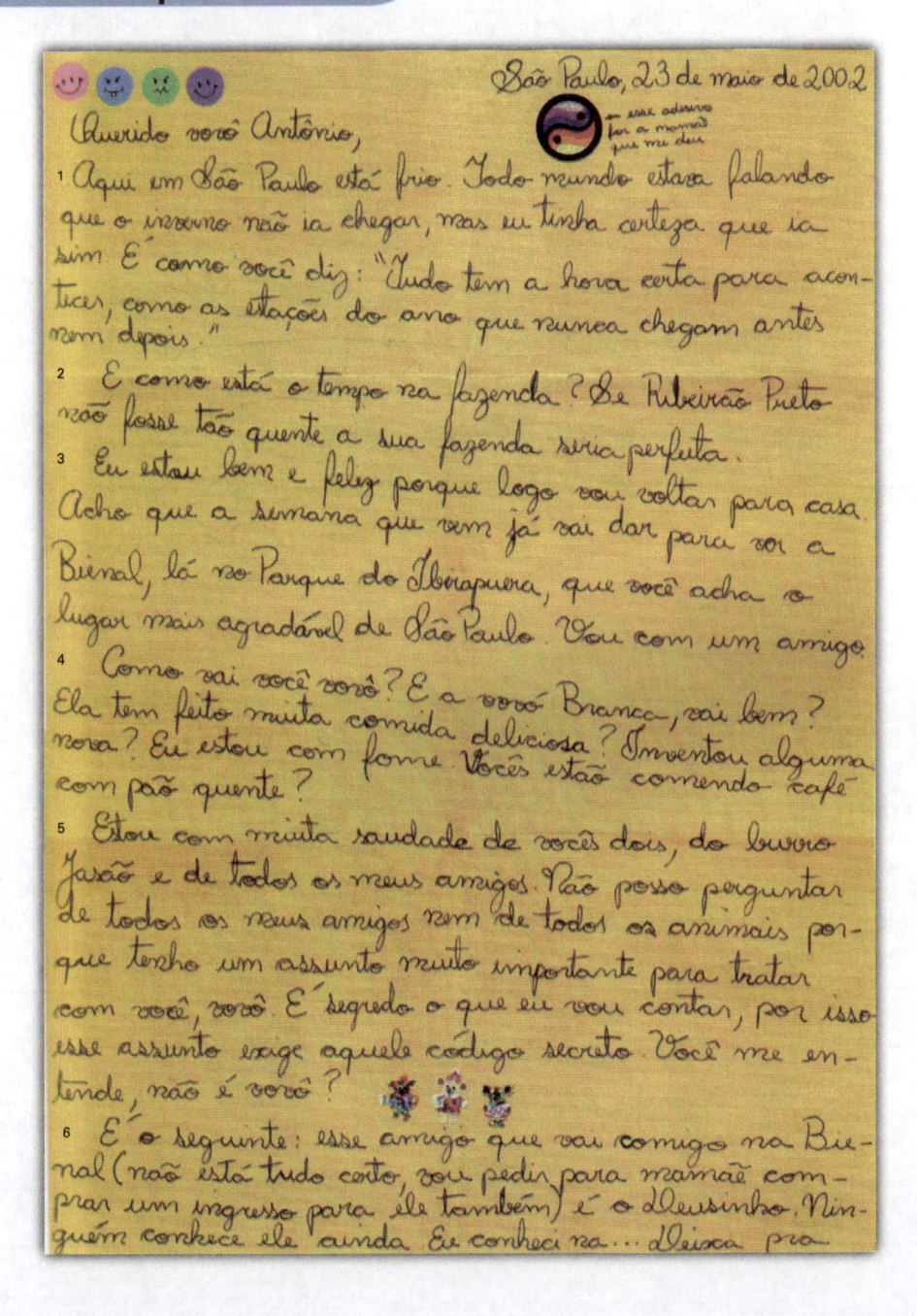

São Paulo, 23 de maio de 2002

Querido vovô Antônio,

— esse adesivo foi a mamãe que me deu

1 Aqui em São Paulo está frio. Todo mundo estava falando que o inverno não ia chegar, mas eu tinha certeza que ia sim. É como você diz: "Tudo tem a hora certa para acontecer, como as estações do ano que nunca chegam antes nem depois."

2 E como está o tempo na fazenda? Se Ribeirão Preto não fosse tão quente a sua fazenda seria perfeita.

3 Eu estou bem e feliz porque logo vou voltar para casa. Acho que a semana que vem já vai dar para ver a Bienal, lá no Parque do Ibirapuera, que você acha o lugar mais agradável de São Paulo. Vou com um amigo.

4 Como vai você vovô? E a vovó Branca, vai bem? Ela tem feito muita comida deliciosa? Inventou alguma nova? Eu estou com fome. Vocês estão comendo café com pão quente?

5 Estou com muita saudade de vocês dois, do burro Jasão e de todos os meus amigos. Não posso perguntar de todos os meus amigos nem de todos os animais porque tenho um assunto muito importante para tratar com você, vovô. É segredo o que eu vou contar, por isso esse assunto exige aquele código secreto. Você me entende, não é vovô?

6 É o seguinte: esse amigo que vai comigo na Bienal (não está tudo certo, vou pedir para mamãe comprar um ingresso para ele também) é o Aleusinho. Ninguém conhece ele ainda. Eu conheci na... Deixa pra

47

lá. A história é longa longa longa. Depois eu conto.

7. Vovô querido, você sabe que você é o meu melhor amigo e é a pessoa que mais me entende, é por isso que eu vou pedir a sua ajuda para resolver um grande problema. Você sempre resolve todos.

8. Vovô, esse meu amigo é muito muito muito pobre. Ele e a família dele estão sofrendo muito aqui em São Paulo, eles moram num lugar que você nem imagina onde é, às vezes eles não têm o que comer e às vezes passam frio. O meu amigo não está na escola. As irmãs dele (são 3) também não estão. O irmãozinho dele é um bebê. O pai e a mãe estão precisando de emprego mas eles não acham.

9. Meu vovozinho, você precisa arrumar um trabalho para eles aí na fazenda Santa Rita. Aí tem casa, tem bastante terra para plantar, bastante animal, bastante fruta no pé. Aí faz calor. Aí não tem polícia ruim. E a mãe do Deusinho pode ajudar a Sebastiana e as duas vão ajudar a vovó.

10. Espero uma resposta sua e a sua ajuda para esse nosso assunto "soslaio".

11. Adoro você, vovô do coração.
Um beijo da sua neta
Júlia Branca

Luzia Lacerda. *Foi! Não foi! Foi!* Rio de Janeiro: Record, 2005.

Por dentro do texto

1 Júlia Branca é uma criança dotada de recursos materiais suficientes para seu bem-estar. Como ela descreve a vida do amigo Deusinho e da família dele?

_____
_____

2 Transcreva do texto um trecho em que a menina demonstra reconhecer uma qualidade da avó.

_____
_____

3 Ao contar ao avô um fato que considera ser um segredo, Júlia Branca diz que o assunto exige "aquele código secreto". Por que a menina diz: "Você me entende, não é vovô?"?

_____
_____

4 Localize no texto os seguintes parágrafos.

a) A menina começa a expor o problema do garoto ao avô.

_____

b) A menina propõe uma solução para o problema do garoto.

_____

5 A linguagem que Júlia usa para se corresponder com o avô é bastante afetiva. Retire do texto alguns exemplos que comprovem essa afirmação.

_____
_____

6 Pesquise o significado da palavra **soslaio** e explique a frase: "Espero uma resposta sua e a sua ajuda para esse nosso assunto 'soslaio'."

_____
_____

Texto e construção

1 Observe a estrutura da carta pessoal no envelope a seguir.

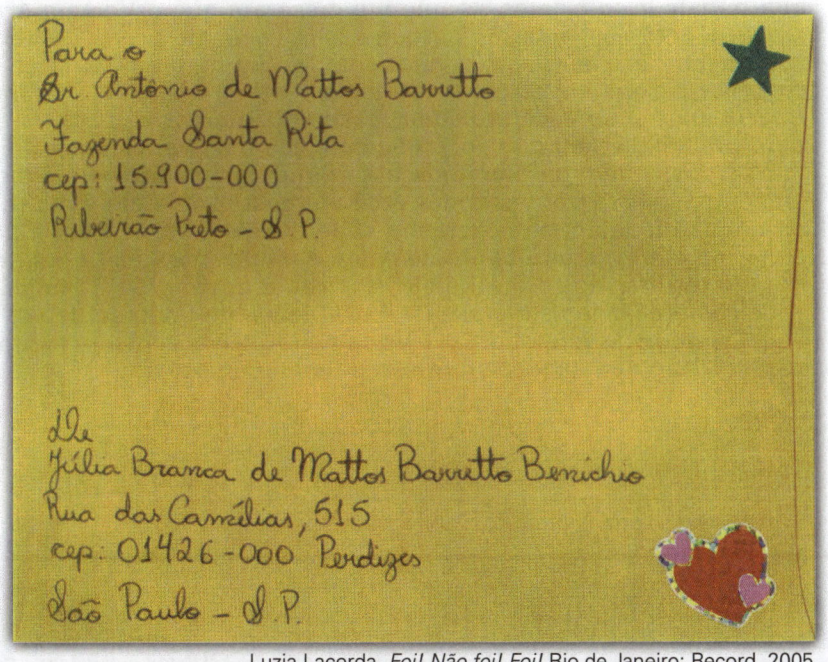

Luzia Lacerda. *Foi! Não foi! Foi!* Rio de Janeiro: Record, 2005.

49

• Com base no conteúdo do envelope e da carta, transcreva os seguintes elementos.

a) A saudação inicial. _____

b) O nome completo do remetente. _____

c) O nome completo do destinatário. _____

d) A despedida. _____

e) A assinatura. _____

2 Quantos parágrafos foram desenvolvidos no corpo da carta, isto é, da saudação inicial até antes da despedida?

_____

3 Se você tivesse de escrever uma carta pessoal para uma pessoa muito íntima, adotaria o tipo de linguagem usado por Júlia? Por quê?

_____

_____

4 Leia agora outra correspondência enviada por Júlia Branca, dessa vez para sua mãe.

De:	juliabranca
Para:	aureamaria
Data:	260502 18:25
Assunto:	Bienal

Mensagem :

Mãe,
Finalmente arrumei tempo para ir na Bienal. Já estudei tudinho para a bendita prova de matemática e o inglês está na ponta da língua. Não quero mais ir no cinema porque me disseram que o **Homem Aranha** é uma porcaria então achei ótimo porque assim você não precisa faltar na sua meditação e eu posso ir na Bienal, assim meu pai vai ficar contente porque ele está me cobrando para eu ir lá já faz tempo. Queria muito que você providenciasse dois ingressos um para mim e um para um amigo meu que você não conhece mas vai conhecer. Ele não é da minha classe nem da minha escola nem da vizinhança ele é amigo de um amigo meu. Você vai ver como você vai gostar dele ele é muito legal é da minha idade do meu tamanho sabe desenhar superbem e quer ser bailarino ele sabe um monte de coisa é muito inteligente e eu ensinei pra ele respirar no coração e ele respirou e gostou. Será que dá para você comprar logo os ingressos? Estou louca de vontade de ver todas aquelas obras que o meu pai vive falando. Até o Pedro já foi só eu não fui. Mãe não esquece que são dois ingressos, tá.

TE AMO MUITO MUITO MUITO

Sua filhinha, Júlia

Anexo(s):

Luzia Lacerda. *Foi! Não foi! Foi!* Rio de Janeiro: Record, 2005.

- Indique como aparecem no *e-mail*:

a) Os nomes do remetente e destinatário; a data; a despedida e a assinatura.

_____

_____

_____

b) Tipo de linguagem empregada.

_____

5 Por que os nomes **juliabranca** e **aureamaria** aparecem emendados?

_____

6 O que significa a palavra **anexo(s)** no final da página?

_____

_____

7 Que outros meios eletrônicos e virtuais você conhece para enviar mensagens?

_____

8 Quais as vantagens de enviar uma mensagem virtual?

_____

_____

Importante saber

Para receber e enviar mensagens, podemos contar com vários recursos que não existiam no tempo de nossos avós e que vieram facilitar a comunicação, diminuindo as distâncias e o tempo exigido para se receber e responder a uma mensagem.

O *e-mail* é hoje praticamente o substituto das antigas cartas seladas, que colocávamos nas caixas do Correio e que demoravam pelo menos dois dias para chegar ao seu destino. A linguagem utilizada para se escrever um *e-mail* varia de acordo com a intenção do locutor, com o nível de formalidade que a mensagem exige e com a proximidade e intimidade entre a pessoa que envia e a que recebe a mensagem.

O **SMS** (do inglês *short messages service*, ou seja, **serviço de mensagens curtas**) é mais conhecido no Brasil como **torpedo** e possibilita o envio de mensagens por meio do celular.

Além disso, se você estiver em frente a um computador, pode contar com várias plataformas que oferecem a possibilidade de conversa, inclusive em tempo real, como o MSN, o Facebook e o Skype, entre outros. Com eles, você pode deixar uma mensagem, que a pessoa lerá assim que estiver conectada, ou manter uma conversa virtual, caso ambos estejam conectados ao mesmo tempo.

DE OLHO NA ESCRITA

Advérbio e locução adverbial

1 Releia alguns trechos da carta de Júlia Branca.

> "Vovô, esse meu amigo é muito, muito, muito pobre. Ele e a família dele estão sofrendo muito aqui em São Paulo."
>
> "Todo mundo estava falando que o inverno não ia chegar, mas eu tinha certeza de que ia sim."
>
> "A história é longa, longa, longa. Depois eu conto."

- Copie das frases a palavra ou expressão que:

a) Localiza os fatos no tempo (indica quando): _____

b) Localiza os fatos no espaço (indica onde): _____

c) Indica uma negação: _____

d) indica uma afirmação: _____

e) Intensifica algo: _____

2 Releia este trecho do texto "Rumo ao sol".

> "T'ô só se lembra **claramente** dos traços da mãe porque cada noite, antes de dormir, levanta a mão e toca o seu rosto."

- Assinale a alternativa que corresponde ao que a palavra destacada quer dizer.

[ ] Na claridade da manhã. [ ] De um modo claro. [ ] Quando o dia clareia.

Importante saber

Tanto a carta escrita por Júlia Branca como a história contada em "Rumo ao sol" oferecem informações ao leitor sobre as circunstâncias em que os fatos ocorrem: o tempo, o lugar, o modo etc. Essas informações foram transmitidas por uma ou mais palavras. Veja.

"T'ô pensou que **agora** sabia o que tinha acontecido ao pai e ficou muito triste."
↓
Uma palavra que indica tempo.

"T'ô voltava da escola **lá pelas duas horas**."
↓
Conjunto de palavras que indica tempo.

"**Aí** tem casa, tem bastante terra para plantar [...]"
↓
Palavra que indica lugar.

52

"[...] semana que vem já vai dar para ver a Bienal, **lá no Parque do Ibirapuera**."

Conjunto de palavras que indica lugar.

"T'ô só se lembra **claramente** dos traços da mãe porque cada noite, antes de dormir,

Palavra que indica modo.

levanta a mão e toca o seu rosto."

Chamamos de **advérbio** a palavra que altera o sentido do verbo, do adjetivo ou de outro advérbio, indicando circunstâncias de tempo, lugar, intensidade etc.

Chamamos de **locução adverbial** o conjunto de palavras com valor de advérbio. Há vários tipos de advérbio e locuções adverbiais. Observe.

Tempo: **Com o correr do tempo**, inventava cada vez mais músicas.

Lugar: **Na escola**, a professora mandou a gente fazer uma redação sobre a guerra.

Causa: Ela morreu **de alegria** quando encontrou a amiga.

Modo: Enxugou as lágrimas da amiga **amorosamente.**

Intensidade: Reflitam **bem** sobre isso. Eu fiquei **muito** orgulhosa.

Companhia: Não iria mais brincar **com ela** na orla da floresta ou na margem do riacho.

Negação: Nunca mais falaria com ela, **não** a levantaria mais nos braços, **não** a olharia mais nos olhos.

Dúvida: **Talvez** a música possa reconfortá-la.

Afirmação: Você tem o que dizer?

Com certeza tenho.

Instrumento: Essa tristeza era como um caranguejo que, **com fortes pinças**, agarrava-se nela e a feria.

Finalidade: Escreveu uma carta **para se despedir**.

Veja um exemplo de **locução adverbial** alterando o sentido de um **verbo**.

Após um momento, parava de tocar as músicas que o pai lhe tinha ensinado e

advérbio   verbo

inventava outras.

A seguir, um exemplo de **advérbio** alterando o sentido de um **adjetivo**.

Ela era uma menina **tão** legal.

advérbio   adjetivo

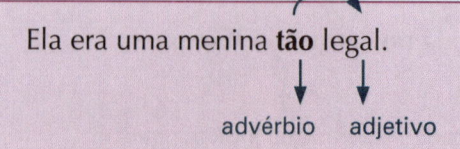

Observe o **advérbio** alterando o sentido de outro **advérbio**.

Ela estava **muito** bem.

advérbio   advérbio

Esses são apenas alguns exemplos de advérbios e locuções adverbiais. Há muitos outros que você poderá descobrir consultando uma gramática ou observando que função essas palavras desempenham em cada contexto de comunicação.

Veja exemplos de advérbio consultando o apêndice deste livro.

Aplicando conhecimentos

1 Leia a frase a seguir.

A morte é **tão** natural para os outros, mas é **terrivelmente** dolorosa para com amigos e parentes.

a) Que ideia transmitem as palavras em destaque?
_____

b) A que classe gramatical elas pertencem?
_____

c) Qual é a importância delas na frase? (Leia a frase sem essas palavras e descubra a resposta da questão.)
_____
_____
_____

2 Mário Quintana escreveu o texto a seguir para a revista *IstoÉ*. Nele o autor conta fatos sobre sua vida de escritor. Complete os espaços com os advérbios e as locuções adverbiais do quadro. Depois leia o texto completo e conheça mais sobre o autor.

em Alegrete	talvez	não	no rigor do inverno
prematuramente	meio	durante cinco anos	sempre
um dia	tão	nunca	em 30 de julho de 1906

54

Autobiografia – Mário Quintana

Nasci _____, _____.
Creio que foi a principal coisa que me aconteceu. E agora pedem-me que fale sobre mim mesmo. Bem! Eu _____ achei que toda confissão não transfigurada pela arte é indecente. Minha vida está nos meus poemas, meus poemas são eu mesmo, _____ escrevi uma vírgula que não fosse uma confissão. Ah! Mas o que querem são detalhes, cruezas, fofocas...

Aí vai! Estou com 78 anos, mas sem idade. Idades só há duas: ou se está vivo ou morto. Neste último caso é idade demais, pois foi-nos prometida a Eternidade. Nasci _____, temperatura: 1 grau; e ainda por cima _____ _____, o que me deixava _____ complexado, pois achava que não estava pronto. Até que _____ descobri que alguém _____ completo como **Winston Churchill** nascera prematuro – o mesmo tendo acontecido a sir **Isaac Newton**!

Excusez du peu... Prefiro citar a opinião dos outros sobre mim. Dizem que sou modesto. Pelo contrário, sou tão orgulhoso que acho que _____ escrevi algo à minha altura. Porque poesia é insatisfação, um anseio de autossuperação. Um poeta satisfeito não satisfaz. Dizem que sou tímido. Nada disso! Sou é caladão, introspectivo. Não sei por que sujeitam os introvertidos a tratamentos. Só por não poderem ser chatos como os outros?

Exatamente por execrar a chatice, a longuidão, é que eu adoro a síntese. Outro elemento da poesia é a busca da forma (não da fôrma), a dosagem das palavras. _____ concorra para esse meu cuidado o fato de ter sido prático de farmácia _____. Note-se que é o mesmo caso de **Carlos Drummond de Andrade**, de **Alberto de Oliveira**, de **Érico Verissimo** – que bem sabem (ou souberam) o que é a luta amorosa com as palavras.

IstoÉ. São Paulo: Prensa Três, 14 nov. 1984.

3 No trecho a seguir, retirado do texto, substitua as expressões destacadas por outras com significado semelhante, de maneira que o sentido do texto não se altere.

"T'ô voltava da escola **lá pelas duas horas**. A mãe lhe servia o almoço. **Às quatro**, o pai aparecia com um carregamento de lenha **nas costas**. [...]

A casa deles, pequena e de madeira, era construída **no flanco da colina**, abaixo da floresta. **A cerca de trezentos metros** corria um riacho que saía da parte de baixo da colina. T'ô gostava muito de brincar **à beira deste riacho**. **Algumas vezes** colhia estranhas e belas flores do campo das quais ignorava os nomes."

4 Reescreva as frases a seguir no caderno, propondo uma nova organização. Para isso, desloque as expressões destacadas para outros lugares na frase. Lembre-se de que as frases têm de continuar fazendo sentido.

a) "T'ô voltava da escola lá pelas duas horas. A mãe lhe servia o almoço. **Às quatro**, o pai aparecia com um carregamento de lenha nas costas."

b) "**Debaixo do braço**, carregava uma pasta de madeira que continha seu caderno, sua caneta, lápis e borracha e uma flauta de bambu que ela mesma tinha feito, ajudada pelo pai."

c) "Foi então que o pai de T'ô morreu. Ele tinha sido obrigado a partir para a guerra. Esteve soldado durante menos de um ano **antes de ser morto**."

d) "T'ô só se lembra claramente dos traços da mãe, porque **cada noite**, **antes de dormir**, levanta a mão e toca seu rosto."

5 Você conseguiu deslocar as expressões destacadas e manter o sentido das frases?

a) Verifique se as informações destacadas em azul, na questão 3, dizem respeito à ideia de tempo ou de lugar.

b) Agora, reescreva as frases, trocando os trechos destacados em azul por outras expressões de tempo e de lugar criadas por você.

c) Observe as novas frases que você criou e responda: a ideia principal de cada trecho foi alterada?

PRÁTICA DE LEITURA

Texto 4 – Diário

Antes de ler

Os textos lidos até agora trataram da morte como um acontecimento que traz dor, tristeza, mas que é inevitável, faz parte da vida. A morte do pai de T'ô foi decorrente de circunstâncias em que ele se encontrava: era soldado na Guerra do Vietnã – guerra que ocorreu nos anos 1960, matando muitos civis e militares que não tinham a mínima ideia da razão pela qual estavam morrendo.

- Em sua opinião, esse tipo de morte é mais fácil ou mais difícil de aceitar? Por quê?

Leia agora alguns trechos do diário de uma garota chamada Zlata.

Trecho 1

Segunda-feira, 20 de abril de 1992.

Dear Mimmy,

A guerra parece tudo, menos uma brincadeira. Ela destrói, mata, incendeia, separa, traz a infelicidade. Hoje uma chuva de granadas caiu sobre a Bascarsija, o centro antigo de Sarajevo. Explosões aterrorizantes. Descemos para o porão – estava frio, tudo escuro, é deprimente. Será que aquele é mesmo nosso porão? Não tenho tanta certeza. Ficamos nós três, papai, mamãe e eu, encolhidos num canto onde tínhamos a sensação de estar em segurança. No escuro, ao lado de papai e mamãe e no calor dos corpos deles, pensei em ir embora de Sarajevo. (Como todo mundo.) Mas ir embora sozinha, deixar papai e mamãe, vovô e vovó, eu não ia conseguir aguentar. E ir embora só com mamãe também não ia dar certo. O melhor seria irmos embora os três. Mas papai com certeza não poderia. Aí resolvi que íamos ficar juntos. Amanhã vou dizer a Keka que é preciso ter coragem, que é preciso ficar com as pessoas que a gente ama e que nos amam. Não quero sair de perto de papai e mamãe e, por outro lado, deixar papai sozinho aqui também não me agrada.

Sua Zlata.

57

Trecho 2

Quinta-feira, 2 de julho de 1992.

Dear Mimmy,

Hoje tive uma pequenina alegria. Uma coisa gostosa que nos oferecemos. Colhemos as cerejas de nosso pátio interno. Que pratada! Estávamos acompanhando todo o processo de amadurecimento: os brotos, o surgimento das florzinhas, depois as minúsculas frutas verdes que pouco a pouco foram ficando vermelhas. Esperamos que elas ficassem no ponto... E NHAM!, elas estavam deliciosas! A ameixeira não deu nada, não vamos poder comer ameixas. É impressionante a vontade de comer frutas que eu sinto. Aqui em Sarajevo, nestes dias de guerra, durante esta guerra, não só não temos os alimentos básicos e tudo aquilo de que se tem necessidade para viver como não há nenhum tipo de fruta. Mas agora posso dizer que enchi a barriga de cerejas.

Braco, o irmão de mamãe, está se recuperando. Já está melhor. Consegue dar alguns passos.

Zlata.

Trecho 3

Sexta-feira, 7 de agosto de 1992.

Dear Mimmy,

Hoje trovejou em nosso bairro inteiro. Não sei nem dizer o número de granadas que caíram pertinho da nossa casa. Papai havia ido com Samra para o local onde estão fazendo distribuições da Ajuda Humanitária. Tudo estava calmo, mas de repente se ouviram tiros de canhão. Explosões. Trovões impressionantes. Emina estava em nossa casa. Num determinado momento houve uma violenta detonação. Vidros voavam em estilhaços; telhas despencavam; havia uma nuvem de poeira.

Não sabíamos mais para onde ir. [...]

Trecho 4

Domingo, 6 de dezembro de 1992.

Dear Mimmy,

Uma notícia triste, triste. Otes inteira é uma ruína, tudo foi destruído pelas chamas. Queimou tudo. As pessoas morreram, fugiram, morreram quando estavam fugindo ou ficaram soterradas pelos escombros sem que ninguém pudesse ajudar. Houve pais que perderam os filhos, filhos que perderam os pais. É o horror. Mais uma vez o horror, o pavoroso. [...]

Quanto tempo ainda isso vai durar?

Sua Zlata.

Zlata Filipović. *O diário de Zlata: a vida de uma menina na guerra.*
Tradução de Antônio Machado Soares e Heloísa Jahn.
São Paulo: Cia. das Letras, 1994.

Texto e construção

1. Diário é um relato pessoal que narra acontecimentos do nosso dia a dia e as emoções, os sentimentos, os desejos e os segredos que vêm com eles. Releia os trechos do diário de Zlata e responda.

a) Que sentimentos foram revelados em cada um deles?

___

b) Qual é a opinião de Zlata sobre a guerra? Responda com suas palavras.

___

c) Como viviam Zlata e sua família nesse período de guerra? Quais eram os grandes problemas que enfrentavam?

___

2 Releia o trecho a seguir.

> "O melhor seria irmos embora os três. Mas papai com certeza não poderia. Aí resolvi que íamos ficar juntos. Amanhã vou dizer a Keka que é preciso ter coragem, que é preciso ficar com as pessoas que a gente ama e que nos amam."

- Depois de reler esse trecho, que adjetivos você usaria para descrever Zlata?

_____

3 Quem você imagina que seja Keka?

_____

4 Que importância você acredita que tinha a atividade de escrever um diário na vida de Zlata? Por quê?

_____

_____

Importante saber

O diário de Zlata é um relato verídico. Zlata e sua família moravam em Sarajevo, a capital da Bósnia e Herzegovina. Em 1992, quando teve início a Guerra da Bósnia, a menina passou a registrar em seu diário os horrores que presenciou.

A Unicef (Fundo das Nações Unidas para a Infância) pediu às crianças que mantiveram seus diários atualizados durante a guerra para que apresentassem seu trabalho. Foi dessa forma que o diário de Zlata pôde ser descoberto e publicado em julho de 1993, antes mesmo do término da guerra, fato que se deu apenas em 1995. Zlata e sua família refugiaram-se em Paris, em dezembro de 1993.

Em decorrência da enorme aceitação dos leitores, Zlata tornou-se conhecida como a "Anne Frank de Sarajevo". Anne Frank também foi uma adolescente que vivenciou os horrores de uma guerra: a Segunda Guerra Mundial. Porém, diferentemente de Zlata, Anne não teve a sorte de sobreviver. Seu diário foi encontrado após sua morte e publicado por seu pai, único sobrevivente de sua família, e tornou-se mundialmente famoso.

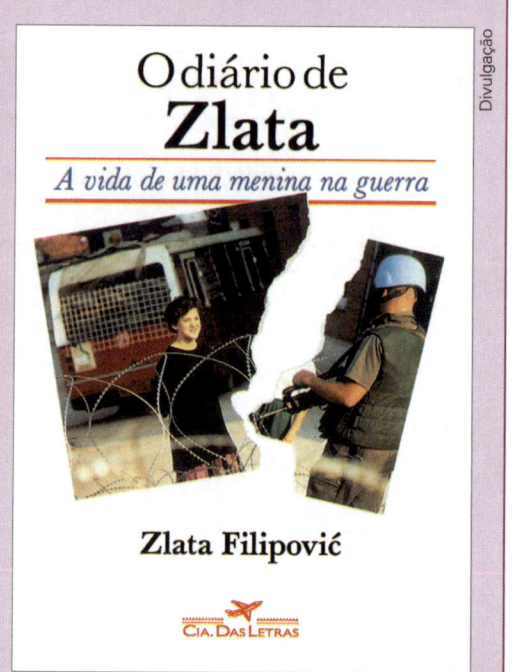

60

REFLEXÃO SOBRE O USO DA LÍNGUA

Usos do verbo

1 Releia o trecho 3 do *Diário de Zlata*, observando com atenção o emprego dos verbos. Você será desafiado a compreender por que foi usado cada um deles e, assim, aprenderá a utilizá-los adequadamente nos próprios textos.

> "Hoje trovejou em nosso bairro inteiro. Não sei nem dizer o número de granadas que caíram pertinho da nossa casa. Papai havia ido com Samra para o local onde estão fazendo distribuições da Ajuda Humanitária. Tudo estava calmo, mas de repente se ouviram tiros de canhão. Explosões. Trovões impressionantes. Emina estava em nossa casa. Num determinado momento houve uma violenta detonação. Vidros voavam em estilhaços; telhas despencavam; havia uma nuvem de poeira. Não sabíamos mais para onde ir."

a) As duas primeiras frases do trecho informam sobre o fato ocorrido. Quais verbos foram empregados para indicar o que ocorreu?

_____

b) Em que tempo os verbos foram usados nessas duas primeiras frases?

_____

c) O uso desse tempo verbal indica:

[ ] Ações futuras.

[ ] Ações concluídas, terminadas.

[ ] Ações que correspondem a possibilidades.

2 Na terceira frase, o texto indica uma ação concluída no passado antes de começar a trovejar (ação também passada).

a) Que ação é esta?

_____

b) A ação foi indicada por meio de um ou mais verbos?

_____

3 A quarta frase descreve como estava o local antes do bombardeio.

a) Que verbo foi empregado, indicando estado?

_____

b) Em que tempo ele está?

_____

61

4 "Tudo estava calmo, mas de repente se ouviram tiros de canhão." Um estado de calmaria foi interrompido pelos tiros de canhão. A palavra **mas**, que dá ideia de oposição, e a expressão **de repente** marcam essa passagem.

a) Que verbo indicou essa transformação do ambiente?
___

b) Em que tempo o verbo foi empregado?
___

Importante saber

As formas verbais **trovejou**, **voavam** e **havia ido** estão no passado, ou seja, no pretérito. Mas há diferenças fundamentais entre o emprego desses verbos. Por existirem essas diferenças, os verbos no pretérito recebem denominações diferentes e são flexionados de formas diversas. Vamos rever um exemplo de conjugação verbal no modo indicativo.

1ª conjugação: Louv-**ar**   2ª conjugação: Vend-**er**   3ª conjugação: Part-**ir**
P-**or**

PRESENTE

Eu louv-o	Vend-o	Part-o	P-onho
Tu louv-as	Vend-es	Part-es	P-ões
Ele louv-a	Vend-e	Part-e	P-õe
Nós louv-amos	Vend-emos	Part-imos	P-omos
Vós louv-ais	Vend-eis	Part-is	P-ondes
Eles louv-am	Vend-em	Part-em	P-õem

PRETÉRITO IMPERFEITO

Eu louv-ava	Vend-ia	Part-ia	P-unha
Tu louv-avas	Vend-ias	Part-ias	P-unhas
Ele louv-ava	Vend-ia	Part-ia	P-unha
Nós louv-ávamos	Vend-íamos	Part-íamos	P-únhamos
Vós louv-áveis	Vend-íeis	Part-íeis	P-únheis
Eles louv-avam	Vend-iam	Part-iam	P-unham

PRETÉRITO PERFEITO

Eu louv-ei	Vend-i	Part-i	P-us
Tu louv-aste	Vend-este	Part-iste	P-useste
Ele louv-ou	Vend-eu	Part-iu	P-ôs
Nós louv-amos	Vend-emos	Part-imos	P-usemos
Vós louv-astes	Vend-estes	Part-istes	P-usestes
Eles louv-aram	Vend-eram	Part-iram	P-useram

PRETÉRITO MAIS-QUE-PERFEITO

Eu louv-ara	Vend-era	Part-ira	P-usera
Tu louv-aras	Vend-eras	Part-iras	P-useras
Ele louv-ara	Vend-era	Part-ira	P-usera
Nós louv-áramos	Vend-êramos	Part-íramos	P-uséramos
Vós louv-áreis	Vend-êreis	Part-íreis	P-uséreis
Eles louv-aram	Vend-eram	Part-iram	P-useram

FUTURO DO PRESENTE

Eu louv-arei	Vend-erei	Part-irei	P-orei
Tu louv-arás	Vend-erás	Part-irás	P-orás
Ele louv-ará	Vend-erá	Part-irá	P-orá
Nós louv-aremos	Vend-eremos	Part-iremos	P-oremos
Vós louv-areis	Vend-ereis	Part-ireis	P-oreis
Eles louv-arão	Vend-erão	Part-irão	P-orão

FUTURO DO PRETÉRITO			
Eu louv-aria	Vend-eria	Part-iria	P-oria
Tu louv-arias	Vend-erias	Part-irias	P-orias
Ele louv-aria	Vend-eria	Part-iria	P-oria
Nós louv-aríamos	Vend-eríamos	Part-iríamos	P-oríamos
Vós louv-aríeis	Vend-eríeis	Part-iríeis	P-oríeis
Eles louv-ariam	Vend-eriam	Part-iriam	P-oriam

5 Depois de rever as conjugações, responda: o que representa o pretérito imperfeito?

_____

_____

a) Encontre, nos trechos do diário de Zlata, outros exemplos de emprego do pretérito imperfeito. Copie um deles.

_____

_____

_____

6 O que representa o pretérito perfeito?

_____

_____

Importante saber

Podemos construir o **pretérito mais-que-perfeito** de duas formas: usando o **tempo simples** ou o **tempo composto**.

O **tempo simples** é formado pelo emprego de um único verbo. Observe o exemplo:

T'ô **inventara** uma música.

O **tempo composto** é formado com o verbo auxiliar **ter** (ou **haver**) que é flexionado no pretérito imperfeito acompanhado do particípio do verbo principal (aquele que transmite a ideia essencial). Observe o exemplo:

T'ô **tinha inventado** uma música.

Veja agora um modelo de conjugação da forma simples e composta do **pretérito mais-que-perfeito**.

PRETÉRITO MAIS-QUE-PERFEITO	
Eu invent-ara	Eu tinha inventado
Tu invent-aras	Tu tinhas inventado
Ele invent-ara	Ele tinha inventado
Nós invent-áramos	Nós tínhamos inventado
Vós invent-áreis	Vós tínheis inventado
Eles invent-aram	Eles tinham inventado

7 A classe vai ler em voz alta a forma composta em todas as pessoas do discurso (singular e plural).

a) O verbo principal sofre alguma alteração na forma composta?

_____

b) Em que forma verbal se encontra o verbo principal?

_____

8 Que noção expressa o pretérito mais-que-perfeito? Identifique um exemplo no trecho 3.

_____

_____

Aplicando conhecimentos

1 Reescreva a frase a seguir, usando o tempo simples do pretérito mais-que-perfeito.

"Papai havia ido com Samra."

_____

2 Retire dos textos lidos e anote abaixo dois exemplos de verbos empregados nos seguintes tempos.

a) Verbos no pretérito perfeito.

_____

b) Verbos no pretérito imperfeito.

_____

3 Construa no seu caderno duas frases, empregando dois verbos: um no pretérito perfeito, outro no pretérito imperfeito. Utilize os verbos da resposta da questão anterior.

4 Reescreva as frases a seguir, imaginando que só você tenha praticado essas ações. Empregue, portanto, a primeira pessoa do singular e depois faça um comentário sobre as alterações ocorridas.

a) "Nós tínhamos a sensação de estar em segurança."
_____

b) "T'ô tocava flauta muito bem."
_____

c) "Ela chorava quando estava só."
_____

d) "T'ô se desesperou."
_____

5 Reescreva as frases, passando os verbos da forma composta do pretérito mais-que-perfeito para a forma simples.

a) "Tinha morrido como aquele passarinho que um dia ela tinha visto na margem do riacho."
_____
_____

b) "O passarinho tinha voltado a ser terra."
_____

c) "T'ô pensou que agora sabia o que tinha acontecido ao pai..."
_____
_____

6 Você e as pessoas do seu meio costumam falar ou escrever a forma simples ou a forma composta do pretérito mais-que-perfeito? Por que você acha que isso acontece?
_____
_____
_____
_____

7 Leia a tira seguinte, com atenção, e responda às questões.

Quadrinho 1:
— POR QUE OS ADULTOS FICAM DIZENDO E FAZENDO COISAS QUE A GENTE NÃO ENTENDE?
— É MUITO SIMPLES, SUSANITA.

Quadrinho 2:
— QUANDO VOCÊ ENTRA NO CINEMA NO MEIO DA SESSÃO, VOCÊ ENTENDE O FILME?
— NÃO

Quadrinho 3:
— COM OS ADULTOS É A MESMA COISA. COMO É QUE A GENTE PODE ENTENDER ELES?

Quadrinho 4:
— QUANDO NÓS CHEGAMOS, ELES JÁ TINHAM COMEÇADO.

Quino. *Toda Mafalda*. São Paulo: Martins Fontes, 1995.

a) Explique a resposta de Mafalda à Susanita, esclarecendo o que ela quis dizer com sua comparação.

_____

_____

b) Identifique a forma composta do pretérito mais-que-perfeito empregada em um dos quadrinhos da tira anterior e reescreva-a, substituindo-a pela forma simples.

_____

_____

8 Para relatar algo ocorrido no passado, a maior parte dos textos usa o verbo no pretérito, mas há textos em que o uso do tempo presente provoca no relato ou na narrativa um outro resultado.

a) Em seu caderno, passe os verbos do diário de Zlata do tempo pretérito para o tempo presente.

> Dear Mimmy,
>
> Hoje trovejou em nosso bairro inteiro. Não sei nem dizer o número de granadas que caíram pertinho de nossa casa. [...] Tudo estava calmo, mas de repente se ouviram tiros de canhão. Explosões. Trovões impressionantes. Emina estava em nossa casa. Num determinado momento houve uma violenta detonação. Vidros voavam em estilhaços; telhas despencavam; havia uma nuvem de poeira.
>
> Não sabíamos mais para onde ir. [...]"

b) Marque um X na alternativa correta. Em um dos trechos anteriores do diário de Zlata o tempo verbal provoca um efeito de atualidade no relato dos fatos. Qual dos trechos faz o leitor ter a impressão de que a menina que escreve o diário está vivendo os fatos no momento em que escreve?

[ ] O primeiro trecho, em que os verbos estão no pretérito.

[ ] O segundo trecho, em que os verbos estão no presente.

67

DE OLHO NA ESCRITA

Uso de x/ch

1 Leia as palavras a seguir.

> eixo – feixe – caixote

a) Separe as sílabas destas palavras:

eixo: _____

feixe: _____

caixote: _____

b) As palavras do quadro têm, em cada uma delas, ditongo ou hiato?
_____

c) Assinale o que essas palavras têm em comum:

[ ] Todas as palavras são dissílabas.

[ ] Todas as palavras apresentam ditongo.

[ ] Todas as palavras apresentam hiato.

[ ] A letra **x** aparece na escrita de todas as palavras do quadro.

> **Importante saber**
> Na escrita das palavras, emprega-se **x** depois de **ditongo**.

2 Observe um novo grupo de palavras.

> enxame – enxaguar – enxaqueca

a) As palavras anteriores foram escritas com **x**. Observe o que vem antes do **x** em cada uma delas e anote a seguir o que descobriu.
_____
_____

b) No grupo de palavras a seguir, há duas palavras "intrusas" quanto ao uso de **x** e **ch**. Circule-as.

> **en**xame – **en**xaguar – en**ch**er – **en**xaqueca – en**ch**imento

c) Leia a regra que podemos depreender dessas descobertas.

> **Importante saber**
> Na escrita das palavras, emprega-se **x** depois de "en".
> Por exemplo: en**x**ame, en**x**águe.
> O verbo "encher" e palavras derivadas constituem exceção a essa regra.
> Por exemplo: en**ch**er, en**ch**imento.

3 No caça-palavras, procure dez palavras com **x** e anote nas linhas a seguir as cinco palavras em que o **x** foi empregado depois de ditongo.

D	G	A	E	X	F	T	U	I	O	B	X
R	E	B	S	V	X	A	L	E	T	Z	A
H	I	R	J	L	D	Z	T	R	Q	M	R
R	O	U	X	I	N	O	L	A	P	R	O
N	E	X	A	M	D	S	R	T	E	S	P
C	X	A	T	T	H	X	C	L	I	H	E
G	A	Q	R	A	S	F	A	I	X	A	I
O	T	E	A	X	V	F	I	G	E	C	J
N	M	G	R	A	T	R	X	S	L	Q	A
X	A	D	R	E	Z	R	A	T	J	F	H
L	M	C	A	E	T	I	R	Q	D	E	H
Z	V	R	E	A	U	X	I	L	I	A	R

_____

_____

_____

_____

_____

4 Complete as palavras com **x** ou com **ch**. Se tiver dúvidas, recorra às regras ou ao dicionário.

_____erife   _____apéu   _____over   _____aleira

_____alé   bai_____ar   en_____urrada   _____ingar

_____ícara   _____enofobia   col_____a

en_____ente   _____u_____u   _____icote

5 Procure no dicionário o significado das palavras a seguir para conhecer a grafia delas e usá-las adequadamente na hora de escrever.

a) Anote os significados encontrados.

chá: _____

_____

xá: _____

_____

xale: _____

_____

chalé: _____

_____

b) Agora forme em seu caderno uma frase com cada uma das palavras pesquisadas.

PRODUÇÃO DE TEXTO

Forme grupo com outros colegas. O grupo deve produzir uma carta que fale um pouco sobre o que os integrantes pensam a respeito das guerras no mundo e das situações de violência em nosso país. O destinatário da carta será um grupo de outra classe de 7º ano.

PLANEJE SEU TEXTO

Respondam a cada um dos itens do quadro como modo de planejamento. Ampliem o número de itens, se precisarem. Verifiquem se cumpriram o planejado na hora de avaliarem o texto.

PARA ESCREVER A CARTA	
1. Qual é o público leitor do texto?	
2. Que linguagem vamos empregar?	
3. Qual é a estrutura que o texto vai ter?	
4. Onde o texto vai circular?	

ORIENTAÇÕES PARA A PRODUÇÃO

1. Formem dez grupos em sua sala, conforme a orientação do professor.
2. Procurem aprofundar seu conhecimento sobre o tema: pesquisem, leiam e conversem com outros professores sobre o assunto.
3. Apliquem ao texto os itens presentes no gênero carta estudados neste capítulo.
4. Empreguem a linguagem adequada às pessoas para as quais estão escrevendo.
5. Não se esqueçam de providenciar ou produzir o envelope. O destinatário da carta será um dos grupos de outra classe. Vejam o exemplo de preenchimento do envelope.

> Ao grupo 3 do 7º ano C.
> Remetente: Grupo 8 do 7º ano A.

6. Um dos colegas da classe poderá ser o carteiro da turma e levar pessoalmente a correspondência.

AVALIAÇÃO E REESCRITA

Antes do envio, avaliem os seguintes itens.

- A organização em parágrafos.
- O uso de pontuação.
- A ortografia (recorram ao professor ou consultem um dicionário).
- Os elementos principais desse gênero de texto.
- O sentido que o texto produziu.

Agora, passem a carta a limpo e... aguardem a resposta!

PREPARANDO-SE PARA O PRÓXIMO CAPÍTULO

Pesquise sobre a vida de um esportista que você aprendeu a admirar. Organize dados biográficos, fotos e reportagens sobre ele em um cartaz e prepare uma apresentação oral dessa pesquisa para as próximas aulas, de acordo com a orientação do professor.

Unidade 2

Entretenimento é coisa séria

Nesta unidade, você vai estudar:

- **PRONOME INDEFINIDO**

- **MODOS DO VERBO: INDICATIVO, IMPERATIVO E SUBJUNTIVO**

- **PREPOSIÇÃO**

- **DISCURSO DIRETO E DISCURSO INDIRETO**

- **FRASE E ORAÇÃO**

- **CONJUNÇÃO**

- **ORTOGRAFIA:**

- USO DE C, Ç, S, SS E X

- PALAVRAS E EXPRESSÕES QUE CAUSAM DÚVIDAS NA ESCRITA

PARA COMEÇO DE CONVERSA

1. Você gosta de esporte? Qual é o seu favorito?

2. Observe atentamente esta tela. O que você vê nela?

José Cláudio Canato. *Seleção brasileira*. 1999. Óleo sobre tela, 100 cm x 120 cm.

3. Na tela, alguns elementos estão relacionados a um esporte popular no Brasil. Quais são esses elementos? Qual é o esporte?

4. Quais objetos, na tela, têm relação com o título da obra?

5. O que os meninos estão fazendo lhes dá satisfação, alegria? Como podemos perceber isso?

6. Em sua opinião, por que no quadro só há meninos?

7. Podemos dizer que a tela retrata como começaram grandes jogadores do Brasil e da Seleção Brasileira de Futebol? Explique.

8. O esporte pode ser considerado um tipo de entretenimento. E você, o que gosta de fazer para se divertir?

Capítulo 1

TROCANDO PASSES

PRÁTICA DE LEITURA

Texto 1 – Notícia

Mauricio de Sousa promete lançar personagem Neymar em breve

Pelezinho, Ronaldinho e Ronaldo, personagens de Mauricio de Sousa, que agora lançará Neymar.

DE SÃO PAULO

Mauricio de Sousa prometeu lançar o personagem Neymar "nos próximos dias".

O criador da Turma da Mônica fez a revelação durante um jantar em sua homenagem ontem, na casa do presidente da Abrinq (Associação Brasileira dos Fabricantes de Brinquedos), Synesio Batista da Costa.

Inspirado no craque do Santos, o personagem está sendo negociado com países como China, Japão e Indonésia, segundo a assessoria de Sousa.

O cartunista, que já criou mais de 200 personagens, também faz campanha para que Pelezinho seja a mascote extraoficial da Copa do Mundo de 2014, no Brasil.

Folha de S.Paulo. Disponível em: <http://www1.folha.uol.com.br/folhinha/1061701-mauricio-de-sousa-promete-lancar-personagem-neymar-em-breve.shtml>. Acesso em: 14 mar. 2012.

Por dentro do texto

1 Releia o olho da notícia:

> Mauricio de Sousa prometeu lançar o personagem Neymar "nos próximos dias".

a) Que fato é anunciado?
___
b) Por que provavelmente o jornalista usou aspas na expressão "nos próximos dias"?
___
___

2 Releia e compare o olho ao título da notícia.

> Mauricio de Sousa prometeu lançar o personagem Neymar "nos próximos dias".

> Mauricio de Sousa promete lançar personagem Neymar em breve

a) Que diferença é possível perceber em relação ao uso do tempo verbal?
___
b) Qual dos dois termos, "em breve" ou "nos próximos dias", transmite a ideia de que a promessa de Mauricio está mais próxima de acontecer?
___

3 Para retomar o termo Mauricio de Sousa, o jornalista fez uso de algumas palavras substitutas, evitando repetições. Que termos foram usados?
___

4 Releia o último parágrafo:

> "O cartunista, que já criou mais de 200 personagens, também faz campanha para que Pelezinho seja a mascote extraoficial da Copa do Mundo de 2014, no Brasil."

a) Essa informação está relacionada ao assunto principal do texto? Explique.
___
___

75

b) Qual é a ideia principal desse parágrafo?
___

5 Em sua opinião, por que Mauricio de Sousa escolheu Neymar para ser seu novo personagem?
___

6 Essa notícia foi publicada em janeiro de 2012 e relata as negociações para a publicação de uma história em quadrinhos sobre o jogador Neymar. Essa história em quadrinhos foi de fato publicada? Converse com os colegas. Se não souberem, façam uma pesquisa.
___

Texto e construção

1 Responda às questões do quadro a seguir de acordo com as informações que estão no primeiro parágrafo da notícia.

Quem pretende lançar algo?	
O que se pretende lançar?	
Quando deve ser lançado o que se pretende?	

2 Agora, leia o restante da notícia e descubra quando e onde o criador da Turma da Mônica fez a revelação sobre o lançamento.
___

3 O que a data do jantar em relação à data da publicação da matéria revela sobre a atualidade da notícia?
___

4 Observando a linguagem empregada no texto, é possível afirmar que ela possui quais das características a seguir? Assinale a alternativa correta.

[ ] Objetiva, clara, acessível a qualquer leitor.

[ ] Subjetiva, com apresentação das opiniões do jornalista sobre Neymar e sobre a nova revista, e acessível apenas aos que assistiram à Copa do Mundo em 2010.

[ ] Sofisticada, cheia de palavras inacessíveis ao perfil do leitor que procura notícias sobre esportes.

> **Importante saber**
> A **notícia** é um gênero textual que tem como função principal anunciar um **fato**, sem expressar uma opinião sobre ele.
> No parágrafo inicial de muitas notícias, denominado **lide**, costuma-se responder a algumas questões básicas relacionadas ao fato noticiado. São elas:
> - Quem ou o quê?
> - Quando?
> - Onde?
> - Como? / Por quê?
>
> Essa estrutura, no entanto, pode variar de acordo com os propósitos comunicativos de cada texto.
> O **título da notícia**, em geral, é estruturado com verbos no tempo presente para causar um efeito de atualidade.
> O título tem a intenção de chamar a atenção do leitor a fim de que ele leia o texto.

DE OLHO NA ESCRITA

Uso de c, ç, s, ss e x

1. Releia o título da notícia estudada neste capítulo.

   > "Maurí**c**io de Sousa promete lan**ç**ar per**s**onagem Neymar em breve."

   a) Assinale o grupo de palavras em que a letra **c**, **ç**, **s**, **ss** e **x** apresentam o mesmo som das letras em destaque no título da notícia.

   [   ] aniversário – exame – laço – massa – cerca

   [   ] ansiedade – táxi – louça – pássaro – cárcere

   [   ] enseada – auxiliar – maçaneta – passeio – macieira

   [   ] casa – exército – moço – acesso – notícia

   - Em geral, as pessoas podem concluir facilmente que "ss" só pode aparecer no meio das palavras e que "ç" não é usado no início delas. Mas há situações em que surgem dúvidas sobre o modo de grafar essas letras. Conheça mais uma regra ortográfica para o uso de "ss": quando não houver uma regra específica para a grafia de c, ç, s, ss e x, saiba que será preciso consultar o dicionário para saber o modo de escrever palavras com essas letras.

> **Importante saber**
> Emprega-se o dígrafo **ss** nas correlações:
> - -tir / -ssão. Exemplos: permitir – permissão
> - -prim / -press. Exemplos: reprimir – repressão
> - -gred / -gress. Exemplos: regredir – regressão
> - -ced / -cess. Exemplos: ceder – cessão

2 Escreva os substantivos correlatos aos verbos a seguir, empregando a grafia adequada.

a) repercutir: _____

b) imprimir: _____

c) interceder: _____

d) interagir: _____

e) cassar: _____

f) progredir: _____

g) liberar: _____

h) emitir: _____

3 Agora é a sua vez. Complete as palavras a seguir com **s**, **ss**, **x**, **c** ou **ç**.

a___e___oria   au___iliadora   nego___ia___ão   ca___oar

con___eito   regre___ão   con___eder   permi___ão

po___ibilidade   impre___o   progre___o   exce___ão

suspen___ão   ví___io   con___eito   có___ega

admi___ão   pro___e___o   impul___o   perí___ia

p___icologia   a___ado   pre___a   in___entivo

> **Importante saber**
> Nos exercícios anteriores, você conheceu algumas regras e também a grafia de algumas palavras. Lembre-se, contudo, que o melhor modo de ampliar seus conhecimentos ortográficos é ler bastante. Por meio da leitura, você tomará contato com um número incrível de palavras novas.

4 Faça uma pesquisa e escreva no quadro 1 cinco palavras com as letras indicadas. Sente-se com um colega e anote no quadro 2 as palavras pesquisadas por seu colega. Estudem a grafia dessas palavras e anote-as em um papel. Seu colega fará um ditado do conjunto das palavras dos quadros 1 e 2 e você as escreverá no caderno. Depois é a sua vez de fazer o ditado das palavras para o seu colega. Ao final da atividade, confiram as respostas no livro.

Lembre-se: em todas as palavras as letras **c**, **ç**, **s** e o dígrafo **ss** devem ter o mesmo som.

QUADRO 1 – RESULTADO DE SUA PESQUISA	
c	
ç	
s	
ss	

QUADRO 2 – RESULTADO DA PESQUISA DE SEU COLEGA
c
ç
s
ss

PRÁTICA DE LEITURA

Texto 2 – Artigo de opinião

Neymar, abra o olho!

Neymar está em milhares de comerciais e em todos os lugares. Preocupa-me essa exposição.

Quando Neymar fez seu primeiro gol no time titular do Santos, o ótimo narrador do Sportv, Milton Leite, disse que era um gol histórico. Achei, no momento, um exagero. A partida continuou, e entendi seu entusiasmo.

Depois do jogo, escrevi que ficara tão impressionado com Neymar como, em outras épocas, ao assistir às primeiras partidas de grandes craques, como Ronaldo, Romário e outros. Neymar ainda não está entre os grandes da história, mas tem tudo para estar.

Na terça-feira, com o título: "Vai embora, Neymar", Lúcio Ribeiro, com ótimos argumentos, escreveu que era a hora de Neymar ir para a Europa. Ronaldo e Rivaldo têm a mesma opinião. Escrevi várias vezes sobre minha dúvida sobre isso. Após a partida entre Santos e Barcelona e da crônica do Lúcio, desci do muro.

Neymar, se jogar ao lado de grandes craques e contra os melhores zagueiros e defesas, que não deixam tantos espaços entre os volantes e os defensores, terá muito mais chance de evoluir, embora corra mais riscos. Os grandes talentos precisam enfrentar grandes dificuldades para se tornarem grandes craques.

Repito, o principal compromisso de um artista é com sua arte, em ser sempre melhor, e não com a fama, com o dinheiro nem com os "patriotas".

Dizer que, na Europa, Neymar terá mais funções táticas, o que poderia prejudicá-lo, é um chavão inverídico e ultrapassado. Os grandes jogadores – Garrincha foi exceção –, desde os anos 1960, atuam melhor e se tornam mais criativos quando têm funções a cumprir. Sentem-se mais seguros. Os técnicos brasileiros são, hoje, tão táticos quanto os da Europa.

Ao lado e contra grandes craques, saberemos também até onde vai o extraordinário talento de Neymar. Ele será um craque, como já é, ou mais que isso, será um habitual candidato a melhor do mundo?

O motivo principal de Kaká não fazer sucesso no Real Madrid não é sua forma técnica e física. É a disputa com outros jogadores do mesmo nível. Kaká já tem condições de ser estrela da seleção e de qualquer time, fora Real e Barcelona.

Neymar vive uma lua de mel com o sucesso, sempre simpático e festivo. Preocupa-me essa megaexposição. Neymar está em vários comerciais e em todos os lugares. Só falta aparecer no Big Brother, se já não foi.

Neymar parece não saber a diferença entre o público e o privado nem que a sociedade do espetáculo tem pressa em promover, consumir, trocar e descartar seus ídolos. Neymar, abra o olho!

Tostão. *Folha de S.Paulo*, 22 jan. 2012.
Disponível em: <http://www1.folha.uol.com.br/fsp/esporte/21407-neymar-abra-o-olho.shtml>.
Acesso em: 14 fev. 2012.

Por dentro do texto

1 Releia:

> "Na terça-feira, com o título: 'Vai embora, Neymar', Lúcio Ribeiro, com ótimos argumentos, escreveu que era a hora de Neymar ir para a Europa. Ronaldo e Rivaldo têm a mesma opinião. Escrevi várias vezes sobre minha dúvida sobre isso. Após a partida entre Santos e Barcelona e da crônica do Lúcio, desci do muro."

a) Qual é a opinião dos jogadores Ronaldo e Rivaldo em relação à ida de Neymar para o exterior?

_____

b) O que o autor quis dizer ao usar a expressão "desci do muro"?

_____

c) O que fez o autor mudar de opinião em relação à ida de Neymar para a Europa?

_____

2 Por que, segundo a opinião de Tostão, o jogador Neymar terá muito mais chance de evoluir na Europa?

_____
_____
_____

3 Releia o trecho seguinte e explique qual foi a intenção do autor ao usar aspas na palavra **patriotas**.

> Repito, o principal compromisso de um artista é com sua arte, em ser sempre melhor, e não com a fama, com o dinheiro nem com os "patriotas".

_____
_____
_____

4 Como o autor justifica o fato de o jogador Kaká não fazer sucesso no Real Madrid?

_____
_____
_____

5 Por que você acha que o autor se preocupa com a megaexposição de Neymar? O que isso pode trazer de negativo para o jogador?

_____
_____
_____

6 Releia o último parágrafo do texto. Em seguida, responda:
a) O que significa a expressão "abra o olho"?

_____

b) Por que o autor pede para Neymar "abrir o olho"?

_____
_____
_____

7 Você leu dois textos que se referem a Neymar: uma notícia e um artigo de opinião. Em qual desses textos o autor emite uma opinião sobre o assunto tratado?

_____
_____

Importante saber
Diferentemente da notícia, no **artigo de opinião**, o autor defende um ponto de vista, expondo suas **opiniões** a respeito de um **fato**.

81

REFLEXÃO SOBRE O USO DA LÍNGUA

Pronome indefinido

1 Observe este trecho do artigo de opinião lido.

> "Depois do jogo, escrevi que ficara tão impressionado com Neymar como, em **outras** épocas, ao assistir às primeiras partidas de grandes craques, como Ronaldo, Romário e **outros**."

- Ao lermos esse trecho, é possível saber exatamente quais são as outras épocas e outros craques a que o autor se refere? Explique.

2 Localize no artigo de opinião mais um trecho em que a palavra "outros" foi empregada.

3 Agora que você localizou, responda: podemos afirmar que a palavra "outros" possui um sentido vago e impreciso? Explique.

Importante saber

As palavras **todos** e **ninguém** fazem parte de um grupo de palavras que recebe o nome de **pronome indefinido**.

Veja outros exemplos de pronomes indefinidos.

- Alguém poderia me ensinar a jogar futebol?
- Poucas pessoas no Brasil não gostam de futebol.
- Vários jogadores brasileiros foram contratados por times estrangeiros.
- Sobre futebol, não tenho nada a declarar.

Observe que os **pronomes indefinidos** se referem à 3ª pessoa do discurso e fazem isso de modo vago e impreciso.

Veja mais exemplos de pronome indefinido:

- algum, alguma, alguns, algumas, alguém
- nenhum, nenhuma, nenhuns, nenhumas, ninguém
- todo, toda, todos, todas, tudo
- outro, outra, outros, outras, outrem
- muito, muita, muitos, muitas, nada
- pouco, pouca, poucos, poucas, algo
- certo, certa, certos, certas, cada

Aplicando conhecimentos

1 A história a seguir é do escritor, advogado e jornalista José Albuquerque Gueiros e envolve quatro personagens: Todo Mundo, Alguém, Qualquer Um e Ninguém. Leia.

Havia um importante serviço a ser feito e Todo Mundo estava certo de que Alguém o faria. Qualquer Um poderia tê-lo feito, mas Ninguém pensou nessa hipótese. Alguém reclamou porque o serviço era de Todo Mundo, mas Todo Mundo estava certo de que Qualquer Um o faria. Só que Ninguém poderia imaginar que Todo Mundo iria tirar o corpo fora. Por fim Todo Mundo terminou culpando Alguém porque Ninguém fez o que Qualquer Um poderia ter feito.

José Albuquerque Gueiros. Disponível em: <http://euestudo.com.br/escola/index.php/nilza-maria-santarem-paschoal/39-diversos/90-uma-historieta-para-refletir>. Acesso em: 14 fev. 2012.

a) Você gostou do texto? Por quê?

b) Quais são as personagens do texto? Quem deixou de fazer um importante serviço?

c) Identifique os pronomes indefinidos do texto.

d) Que relação existe entre as personagens do texto e a classe dos pronomes indefinidos?

e) Que efeito provocou no texto o emprego desses pronomes indefinidos?

83

2 Leia esta tira de Calvin.

> **Quadrinho 1:** EI, FORMIGA... VOCÊ TRABALHA FEITO LOUCA, E O QUE GANHA COM ISSO?
>
> **Quadrinho 2:** O QUE SEU FORMIGUEIRO FEZ POR VOCÊ ULTIMAMENTE?
>
> **Quadrinho 3:** VOCÊ NÃO DEVE NADA A NINGUÉM! DEIXE AS OUTRAS FORMIGAS PROCURAREM COMIDA PRA ELAS PRÓPRIAS! DESCUBRA-SE! EXPRESSE SUA INDIVIDUALIDADE!
>
> **Quadrinho 4:** SE ELAS ESTIVEREM ME ENTENDENDO, NUNCA MAIS TEREMOS PROBLEMAS COM FORMIGAS.

Bill Watterson © 2006 Watterson/Dist. by Atlantic Syndicate

Bill Watterson

a) Explique a afirmação de Calvin: "Se elas estiverem me entendendo, nunca mais teremos problemas com formigas".

_____
_____
_____
_____

b) No terceiro quadrinho da tira encontramos três pronomes indefinidos. Identifique-os.

_____
_____

c) Observe o pronome indefinido da frase "Deixe as **outras** formigas procurarem comida pra elas próprias!". Se retirarmos o pronome **outras**, a frase mantém o sentido original? Explique.

_____
_____
_____
_____
_____

PRÁTICA DE LEITURA

Texto 3 – **Notícia**

Antes de ler

- Discuta com a classe: O esporte pode contribuir para transformar a sociedade? De que forma?

Leia atentamente a notícia a seguir.

Premiado com "Oscar do Esporte", Raí pede legado olímpico no Brasil

O ex-jogador de futebol Raí foi homenageado em Londres nesta segunda-feira, durante a cerimônia do Laureus, maior premiação do esporte. O ídolo são-paulino recebeu a estatueta por sua atuação com o projeto social Fundação Gol de Letra. A ONG, fundada em 1998, ao lado do também ex-jogador Leonardo, atende a cerca de 1.300 crianças carentes em São Paulo e no Rio de Janeiro.

Pelo projeto, Raí recebeu o Laureus "Esporte para o Bem". O atleta foi considerado pela entidade como "uma fonte de inspiração e representante dos atletas brasileiros que apostam no esporte como instrumento de mudança social. Uma referência".

Raí foi premiado por conta das ações na Fundação Gol de Letra.

Raí comemorou a premiação e disse estar ainda mais motivado para seguir com seu projeto social. "Espero que a Copa do Mundo e a Olimpíada sirvam para o Brasil promover uma verdadeira transformação social por meio do esporte", disse.

Segundo o ex-meia da Seleção Brasileira, o legado esportivo desses eventos ainda não é um assunto corrente no país. "A sociedade também precisa se mobilizar para que essa mentalidade mude o mais rápido possível e para que a gente possa aproveitar melhor os eventos. Muita gente fala, mas na prática ainda temos pouca coisa acontecendo."

Os atletas paraolímpicos brasileiros Daniel Dias e Terezinha Guilhermina também participaram da cerimônia realizada na capital britânica. Os dois concorreram ao prêmio de atleta com deficiência, que acabou nas mãos do velocista sul-africano Oscar Pistorius.

Antes da premiação, Terezinha foi recebida pelo primeiro-ministro britânico, David Cameron. A velocista fez parte do grupo de atletas que visitou a residência oficial do premiê.

"Meu maior sonho era ser indicada para o Laureus. Por isso, já me sinto realizada. Agora, espero me sagrar a mulher mais rápida do mundo aqui em Londres. E, quem sabe, não serei indicada de novo ao Laureus no ano que vem", vislumbrou a atleta.

O nadador Daniel Dias, que conquistou onze medalhas de ouro nos Jogos Parapan-Americanos de Guadalajara, comemorou o fato de ter recebido mais uma indicação ao Laureus. Dias recebeu a premiação em 2009. "O ano de 2011 foi fantástico para mim. Por isso, a indicação me dá uma sensação de dever cumprido", disse.

> Dias reconhece que será difícil repetir em Londres o desempenho impressionante do Pan. Nem por isso tem expectativas menos ambiciosas. "Acho que posso voltar dos Jogos com seis medalhas", completou.
>
> Ulisses Neto. *Terra*, 7 fev. 2012. Disponível em: <http://esportes.terra.com.br/noticias/0,,OI5598462-EI1137,00-Premiado+com+Oscar+do+Esporte+Rai+pede+legado+olimpico+no+Brasil.html>. Acesso em: 8 mar. 2012.

Por dentro do texto

1 Releia o título do texto:

> Premiado com "Oscar do Esporte", Raí pede legado olímpico no Brasil

- Qual foi a intenção do jornalista ao usar aspas na expressão "Oscar do Esporte"?
___
___

2 Por que Raí recebeu uma estatueta e foi considerado uma fonte de inspiração e referência?
___
___

3 Releia o seguinte trecho, observando a palavra sublinhada.

> "Raí comemorou a premiação e disse estar ainda mais motivado para seguir com seu projeto social."

- O que a palavra sublinhada revela sobre a importância da premiação para o jogador?
___
___

4 Ao longo do texto, o jornalista mantém o foco da notícia no jogador Raí? Explique.
___
___
___

5 Os atletas paraolímpicos brasileiros Daniel Dias e Terezinha Guilhermina também participaram da cerimônia realizada na capital britânica. No entanto, por que o jornalista focou mais no jogador Raí?
___
___

86

REFLEXÃO SOBRE O USO DA LÍNGUA

Modos do verbo: indicativo, imperativo e subjuntivo

1 Leia o fragmento destacado:

> "Espero que a Copa do Mundo e a Olimpíada sirvam para o Brasil promover uma verdadeira transformação social por meio do esporte."

a) Em que tempo e modo está flexionada a forma verbal "espero"?

_____

b) Nessa frase é possível afirmar que a Copa do Mundo e a Olimpíada servirão para promover uma verdadeira transformação social ou isso é apenas uma possibilidade? Explique.

_____

c) Que diferença de sentido haveria se a informação dessa frase tivesse sido escrita da seguinte maneira: "A Copa do Mundo e a Olimpíada servirão para o Brasil promover uma verdadeira transformação social por meio do esporte"?

_____
_____

2 Releia:

> "A sociedade também precisa se mobilizar <u>para que essa mentalidade mude o mais rápido possível</u> e <u>para que a gente possa aproveitar melhor os eventos</u>."

a) Para que os fatos destacados aconteçam, eles dependem de uma ação anterior. Qual é?

_____

b) Portanto, os fatos destacados indicam uma certeza ou uma possibilidade?

_____
_____

3 Releia este trecho do texto "Abra o olho, Neymar!".

> "Neymar, se jogar ao lado de grandes craques e contra os melhores zagueiros e defesas, que não deixam tantos espaços entre os volantes e os defensores, terá muito mais chance de evoluir, embora corra mais riscos."

O parágrafo apresenta uma certeza sobre a evolução de Neymar no futebol? Justifique.

_____

87

> **Importante saber**
>
> O **modo verbal** está relacionado ao tempo verbal e tem como função atribuir expressões de **certeza**, de **possibilidade**, de **hipótese** ou de **ordem** ao nosso discurso. Há três modos verbais: indicativo, imperativo e subjuntivo.
>
> - **Indicativo:** certeza de realização.
>
> Kaká já **tem** condições de ser estrela da seleção e de qualquer time, fora Real e Barcelona.
> Garrincha **foi** um grande ídolo do futebol no passado.
> Na Europa, Neymar **terá** mais funções táticas.
>
> - **Imperativo:** ordem, conselho, pedido, orientação.
>
> **Abra** o olho, Neymar!
>
> - **Subjuntivo:** possibilidade, hipótese.
>
> Quando Neymar **sair** do Brasil, terá muitos desafios.
> Talvez Neymar **vá** para a Europa.
> Se Neymar não **tivesse** talento, não faria tanto sucesso.
>
> Veja mais exemplos de verbos no subjuntivo no apêndice deste livro

Aplicando conhecimentos

1 Em quais dos exemplos seguintes há ações em que não existe certeza de realização? Assinale as opções selecionadas.

☐ Se os principais jogadores da seleção não se sentissem estrelas, teriam mais foco nos treinos.

☐ Muitos jogadores, após a fama, envolvem-se em escândalos.

☐ Talvez Neymar vire personagem de história em quadrinhos.

☐ Neymar poderá virar uma personagem de história em quadrinhos.

2 Leia a propaganda a seguir:

Hoje, quando o professor fizer a chamada, dê outro tipo de presente.
15 de outubro –
Dia do Professor

Disponível em: <http://ccsp.com.br/novo/pop_pecas.php?id=35391>. Acesso em: 14 fev. 2012.

a) No anúncio foi usado um verbo no modo subjuntivo. Identifique-o.
_____
_____

b) Em que tempo foi conjugado o verbo utilizado?
_____
_____

c) Que palavra foi usada com duplo sentido? Que sentidos lhe foram atribuídos?
_____
_____

3 Leia a frase a seguir e reescreva-a alterando o tempo verbal para o pretérito do subjuntivo.

> Quando todos os alunos estudarem, teremos resultados melhores.

_____

4 Imagine o que você fará quando tiver 18 anos. Escreva um pequeno parágrafo falando de seus desejos.

- Inicie seu texto do seguinte modo: **Quando eu...**
- Continue o texto com a expressão: **Se eu tiver...**
- Finalize o texto falando de suas certezas: **Com certeza eu...**

Troque de texto com um colega e verifique que modos verbais foram empregados em cada um deles.

_____
_____
_____
_____

PRODUÇÃO DE TEXTO

O gênero que você vai produzir agora é a notícia. A escrita dos textos produzidos por você e por seus colegas resultarão em um jornal mural disponível para toda a escola. Por essa razão, a atividade se divide em duas etapas. Para realizá-las, siga os passos propostos a seguir.

PLANEJE SEU TEXTO

Antes de produzir a notícia, responda às questões do quadro de planejamento. O quadro pode ser considerado tanto para as orientações dadas na primeira como na segunda etapa.

89

PARA ESCREVER A NOTÍCIA	
1. Qual é o público leitor do texto?	
2. Que linguagem vou empregar?	
3. Qual é a estrutura que o texto vai ter?	
4. Onde o texto vai circular?	

Primeira etapa: Produzindo uma notícia

Antes de produzir a notícia que irá compor o mural de sua escola, leia o próximo texto.

Um verdadeiro frango

O leitor do *Esporte Ilustrado*, J. C. P., escreveu para a revista contando o caso que é relatado abaixo.

Em Aquidauana tem coisas exóticas e tão engraçadas que contando parece chalaça ou mentira. Ontem, por exemplo, foi derrubado o recorde local dos absurdos em poder do coveiro do nosso Campo Santo, possuidor de uma grande plantação de milho, cana e mandioca entre os túmulos respeitosos dos nossos antepassados.

No jogo de futebol, partida oficial do campeonato da cidade, uma galinha fez o terceiro gol da Liga Católica, obrigando o goleiro do Noroeste a engolir um verdadeiro frango. Numa falta, fora da área, chutada pelo dianteiro Osni, a pelota bateu violentamente numa galinha que atravessava o campo e foi entrar no lado oposto em que se encontrava o guardião Peixoto, do Noroeste.

Resultado: tento número três da Liga Católica, confirmado pelo juiz, recebido com gargalhadas pela torcida em geral e mais uma nota pitoresca para ser glosada durante a semana. Antes assim.

Revista *Esporte Ilustrado*, de 1949.

ORIENTAÇÕES PARA A PRODUÇÃO

1. Anote as informações do texto necessárias para a sua produção.
2. Reveja também as principais características do gênero notícia para aplicá-las em seu texto: a notícia deve apresentar um fato, conter um título chamativo e localizar o leitor em relação ao fato apresentado. Identifique, portanto, no texto anterior, qual é o fato a ser noticiado.
3. Imagine qual será o público que deseja atingir, pois a linguagem deve ser adequada ao público leitor.
4. Lembre-se de que o texto precisa responder às perguntas básicas no lide.
5. Escreva o texto de maneira que o leitor tenha a impressão de que a notícia é atual. Para isso faça uso adequado dos verbos, tanto no título (que geralmente apresenta o verbo no presente) como no corpo da notícia (que geralmente apresenta o verbo no passado).
6. Use parágrafos para organizar o texto.
7. O título da notícia deve ser breve e chamar a atenção do leitor.

Segunda etapa: Agora você é o repórter

Nesta etapa, o professor formará grupos para se transformarem em repórteres. Vocês sairão à caça de notícias da escola ou da comunidade (bairro em que a escola se encontra).

- Cada grupo deve coletar fatos que possam se transformar numa boa notícia. Se possível, o grupo deve conversar com as pessoas, para obter as informações necessárias ao que deseja noticiar.
- O grupo registra os dados coletados, anotando-os de maneira organizada e com os detalhes que julgar relevantes.
- É chegada a hora de produzir a notícia, observando as características principais desse gênero textual, revendo as orientações dadas na primeira etapa.
- A classe reúne então as notícias produzidas, em um jornal-mural, com todas as novidades da escola e do bairro.
- A classe deve escolher o título do jornal. Esse nome precisa ficar bem visível.
- Divulgue a data da publicação entre os colegas, professores e funcionários da escola.

AVALIAÇÃO E REESCRITA

Após terminar a produção, avalie se os itens básicos estão contemplados no texto e se os itens do quadro de planejamento foram cumpridos.

Verifique a ortografia e a pontuação. Observe se as informações acerca do fato noticiado estão presentes no lide. Leia o texto completo e verifique se a sequência de informações parece estar clara para o leitor.

Passe o texto a limpo e leia-o em voz alta na sala de aula.

LEIA MAIS

Neste capítulo, você leu textos publicados em jornais. Há jornais de grande circulação e jornais locais. Que tal conhecer um pouco mais dos jornais de sua região, aqueles que trazem notícias do seu estado, de sua cidade ou até mesmo do seu bairro? Pesquise alguns exemplares desses jornais, leve-os para a sala de aula e, sob orientação de seu professor, reservem um momento para realizar a troca desses materiais. Aproveite para se atualizar sobre os fatos que cercam o cotidiano das pessoas que vivem mais perto de você.

PREPARANDO-SE PARA O PRÓXIMO CAPÍTULO

Você já se imaginou em cima de um palco? Dá para encarar? Você já parou para pensar no que há por trás das belas histórias que são encenadas em tantos lugares e por tanta gente por aí? Em sua opinião, o teatro é um trabalho individual ou coletivo?

Para entrar em cena no próximo capítulo, seria interessante assistir a uma peça de teatro. Veja se isso é possível para você. Depois conte suas experiências para seus colegas de classe.

Capítulo 2

A IMAGINAÇÃO EM CENA

PRÁTICA DE LEITURA

Texto 1 – Texto dramático

Antes de ler

1. O que você vê nesta fotografia?
2. Imagine: o que significa o lugar retratado na foto? Para que ele serve?
3. E você, já foi ao teatro? Em caso afirmativo, conte a experiência para seus colegas.

- No texto a seguir faltam algumas palavras. As palavras que faltam estão no quadro abaixo. Complete o texto com elas.

pelos   da   com   para   na   em   desde

A fuga

Maria Lúcia (*lugar-tenente*)
Helena (*chefe*)
Jorge (*chefe*)
Gabi (*medrosa*)
Lúcia (*medrosa*)
Joana (*quieta*)
Mariana (*brigona*)
Renata
Juliana
Paulo

(*Uma casa vazia só com um telefone. O bando chega, menos Paulo e Juliana.*)

Helena	É aqui?
Gabi	De quem é essa casa?
Jorge	É do meu pai. Está desalugada.
Joana	E se descobrem?
Helena	Como vão descobrir?
Gabi	E se chamam a polícia?
Jorge	Claro que vão chamar a polícia, mas nunca vão pensar que viemos _____ uma casa vazia.
Renata	E quando é que a gente vai viajar?
Maria Lúcia	Calma, Renata. Primeiro a gente se instala aqui.
Joana	Minha mãe vai ficar muito nervosa.
Helena	E não é isso que a gente quer? Quando eles ficarem bem velhos a gente telefona e exige respeito.
Joana	Vou telefonar agora.
Jorge	Vai coisa nenhuma. Primeiro o susto. Depois a gente apresenta nossas reivindicações.
Gabi	Não quero não.
Renata	Nem eu. Quero a minha mãe.
Helena	Olha aqui, menina covarde. Se você pegar neste telefone vai se ver comigo.

JOANA	Cadê Juliana e o Paulo?
HELENA	Devem estar chegando. Olha _____ janela, anda Gabi.

(Gabi volta.)

GABI	Lá vêm eles.

(Entram Juliana e Paulo cheios de compras de supermercado.)

JULIANA	Legal esta casa.
PAULO	Compramos tudo.
MARIANA	Trouxe o meu Toddy?
PAULO	Não. Nescau.
MARIANA	Mas eu pedi Toddy.
PAULO	E daí?
MARIANA	Você é um chato.
PAULO	Leite, Nescau, pão, chocolate.
MARIANA	Me dá um.
HELENA	Agora não. Temos que economizar.
GABI	(Gorda) Quando é o almoço?
HELENA	Calma, Gabi. Primeiro vamos nos instalar. Vamos ver a casa.
GABI	Tô com uma fome!

(Saem Helena, Jorge, Maria Lúcia, Mariana, Juliana e Paulo.)

LÚCIA	Não sei o que estou fazendo aqui.
GABI	Nem eu.
RENATA	Vamos fugir?
LÚCIA	Helena me mata.
GABI	Será que isto vai dar certo?
LÚCIA	Se os pais _____ gente caírem, dá.
RENATA	Meu pai não vai cair e ainda vai me dar uma surra.
GABI	O que é que vocês vão pedir?
LÚCIA	Vou exigir que papai se case de novo com mamãe.
RENATA	Mas isto não vale, nós combinamos. Isto é assunto deles. A gente não pode se meter.
GABI	Eu vou exigir da minha mãe que ela fique mais _____ casa.

Renata	Mas por que é que ela tanto sai?
Gabi	Cabelo, unha, jogo, amigas.
Renata	Mas ela não está separada do teu pai, está?
Gabi	Não, isto não. Mas é pior. Está separada da gente. Vive _____ rua.
Lúcia	À minha, vou exigir que pare de me pôr de castigo quando não estudo. Afinal, não sou mais uma criancinha.
Renata	Ao meu pai, que pare de tanto viajar e depois pare também de fingir que é um pai bom.
Lúcia	O que ele faz?
Renata	Quando chega de viagem começa a beber, a ler jornal e ainda diz que ama a família acima de tudo.
Lúcia	E vocês, que fazem?
Renata	A gente vê logo que é bafo porque ele só pensa em ganhar dinheiro. Bebe, bebe, bebe e dorme. Mamãe diz que ele está cansado e assim ele nunca conversou com a gente. Ignora nossa existência. E compra a gente com dinheiro. Por isso é que pude dar mais para o bolo.
Lúcia	Valeu!... O meu, para dizer a verdade, prefere ler jornal a conversar com a gente.

(Voltam os outros.)

Helena	A casa está toda depredada.
Jorge	O único lugar bom é este aqui.
Maria Lúcia	Acho melhor a gente se arrumar aqui mesmo.
Mariana	Cadê o rádio, Jorge?
Jorge	Tá aqui na mochila. Será que dizem alguma coisa?
Mariana	Liga. Tá na hora das notícias.

(Ouve-se música, depois a voz do repórter.)

Repórter	(alto-falante) E de novo o caso do desaparecimento de 10 crianças de um dos bairros mais elegantes da cidade. Depois dos comerciais. "Se você se sente presa, incomodada, use Sempre Livre." E agora ouviremos o apelo de Dona Lúcia, mãe de uma das crianças.
Mariana	É mamãe!

95

Voz	Estou desesperada. Minha filhinha querida sumiu de casa _____ ontem. Não aguento mais. Minha filhinha adorada foi raptada, garanto!
Mariana	Agora sou filhinha adorada! Nunca deu a menor bola para mim. Vivia na rua. Seus clientes eram muito mais importantes.
Todos	Psiu!!!
Repórter	Vai falar o Dr. Souza Aguiar, pai da menina Helena.
Pai	Se é dinheiro que querem estes raptores, pago o que quiserem. Quero minha filhinha de volta.
Helena	Ué, hoje não é dia de jogo? O que é que ele está fazendo no rádio?
Jorge	Desliga isto. *(Desligam.)*
Juliana	E agora, gente?
Paulo	Deixa eles sofrerem um pouco.
Joana	Minha mãe, garanto que ainda nem reparou. Está ocupada demais com o novo namorado.
Mariana	Os meus vão ter que ver comigo. Me prendem tanto em casa que não vou a uma festa!
Juliana	A minha mãe vai largar meu pai, não é? Pois então vou largar ele também.
Maria Lúcia	Tô com fome.
Helena	Vamos comer.

(Aparece um aluno com uma tabuleta ou o alto-falante anuncia: três dias depois, todos estão caídos _____ cantos, meio desgrenhados.)

Maria Lúcia	Tô com fome.
Renata	Eu também.
Helena	Para de ter fome, Maria Lúcia.
Gabi	Quero ir para casa!
Renata	Quero minha mãe.
Helena	Covardes!
Jorge	É preciso aguentar mais um pouco.
Mariana	E você vai arrumar mais comida, vai?
Jorge	Claro que vou.
Mariana	Com que dinheiro?
Helena	Acabou tudo. Também, vocês comem demais.

96

Juliana	E você, não?
Gabi	Não quero mais fugir não. Quero meu pai!
Joana	Estou me sentindo mal. Tô com dor de barriga.
Paulo	Essa casa é uma droga. Não sei quem teve essa ideia!
Joana	Quero voltar para minha casa. Quero meu pai, quero minha mãe.
Helena	Mas sua mãe não é uma chata?
Joana	É chata sim, mas eu quero ela!
Gabi	Estou toda torta. Não aguento mais dormir neste chão. Quero minha cama.
Maria Lúcia	Tô _____ fome.
Joana	Droga! Droga! Droga!
Jorge	Então vamos telefonar para nossos pais e fazer as reivindicações.
Juliana	Não quero reivindicação nada, quero minha mãe!
Helena	Vou ligar o rádio. *(Toca alguma música da moda.)*
Jorge	Vamos dançar. *(Os dois tentam dançar.)*
Mariana	Dançar coisa nenhuma! Quero minha mãe.
(Todos gritam em cima da música.)	
Todos	Quero minha mãe!! Quero meu pai! Quero minha casa!

Maria Clara Machado. *Exercícios de palco*. 2. ed. Rio de Janeiro: Agir, 1996. p. 25-30.

Por dentro do texto

1 Por que as crianças fugiram de casa? O que reivindicavam?

2 É possível supor a idade das personagens? Como você chegou a essa conclusão?

3 É possível afirmar que todas as personagens que falam no texto encontram-se no mesmo espaço físico? Explique sua resposta.

4 Em um determinado momento da narrativa, há uma mudança de direção na história. Que mudança é essa? Localize no texto a frase que introduz esse momento.

_____

_____

_____

5 Depois dos acontecimentos descritos na história, a que conclusão as crianças chegaram a respeito da vida que levavam com os pais?

_____

6 Se você tivesse problemas parecidos com os das personagens, o que faria para tentar resolvê-los?

_____

_____

_____

Texto e construção

1 Em quanto tempo se passa a história? Que recurso a autora utilizou para indicar esse tempo?

_____

2 Nesse texto é possível identificar claramente algum narrador?

_____

3 No texto dramático, para que servem as expressões entre parênteses?

_____

Importante saber

Nos **textos dramáticos ou teatrais** geralmente são encontrados os seguintes elementos.

- Um **conflito** ou problema que desencadeia a ação.

- **Personagens** que realizam as ações.

- Um **lugar** onde ocorrem as ações.

- Um **tempo** em que transcorrem os acontecimentos. Lembrando que há um tempo real (duração da peça) e o tempo imaginário (aquele que o autor nos faz supor ser o de duração da ação dramática).

- Um **enredo** com três partes: apresentação, desenvolvimento e desfecho.

- Uma **ideia central**.

Nos textos dramáticos, as informações entre parênteses servem para indicar o que fazem as personagens, detalhes sobre cenário, iluminação, sonoplastia, ações dos contrarregras etc. Essas informações que se encontram entre parênteses são chamadas de **rubricas**.

As **rubricas** são muito importantes na leitura de um texto teatral, já que as peças não costumam ter um narrador identificado e a composição do espetáculo se dá por meio desse conjunto de recursos e ações.

REFLEXÃO SOBRE O USO DA LÍNGUA

Preposição

1. Na seção **Antes de ler** você encaixou no texto algumas palavras. Veja alguns exemplos.

> "Se os pais **da** gente caírem, dá."
> "Está separada da gente. Vive **na** rua."

a) Leia as frases sem as palavras destacadas. Que efeito a ausência delas provoca no sentido das frases?

___

___

b) Leia outra frase do texto e substitua a palavra **com** pela palavra **sem**.

> "Tô **com** fome."

c) Se essa troca de palavras fosse feita no texto, o sentido se alteraria? Explique.

___

___

Importante saber

Chama-se **preposição** a palavra invariável que tem a função de ligar dois termos e estabelecer relações entre eles. Nas relações estabelecidas pela preposição, o segundo termo explica ou completa o primeiro.

Observe.

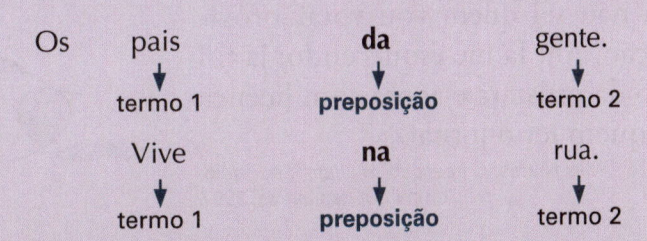

Os	pais	**da**	gente.
	↓	↓	↓
	termo 1	preposição	termo 2
	Vive	**na**	rua.
	↓	↓	↓
	termo 1	preposição	termo 2

99

Clara e Joana	conversaram	**sobre**	a prova.
	↓	↓	↓
	termo 1	preposição	termo 2

Veja algumas preposições.

a, ante, após, até, **com**, contra, **de**, desde, **em**, entre, **para**, **por**, sem, trás, sob, sobre

Quando duas ou mais palavras se juntam com valor de preposição, temos uma **locução prepositiva**. Exemplo:

> Eram construções **em forma de** meia-lua, cavadas no chão, com bancos parecidos com arquibancadas.

(a + o) **ao**
(a + os) **aos**
(a + onde) **aonde**
(de + o) **do**
(de + esta) **desta**
(em + o) **no**
(em + um) **num**
(em + isso) **nisso**

Às vezes, a preposição se une a outra palavra, resultando numa outra forma. Observe o quadro acima.

Nesses casos, dizemos que houve uma **contração** da preposição com palavras de outras classes gramaticais.

Veja mais exemplos de preposições no apêndice deste livro.

- Que função têm as palavras que você encaixou nos exercícios anteriores?

Aplicando conhecimentos

1. Mariana é uma costureira de mão-cheia. Aprendeu com sua avó. A professora de sua escola, sabendo disso, deu a ela uma missão especial: "costurar" um texto. De que palavras Mariana vai precisar para "costurar" as partes dessa breve cena? Copie o texto nas linhas seguintes e complete-o com as palavras que faltam. Divirta-se!

Avião

Cena curta na ponte aérea.

Passageiro procurando puxar conversa: Vai Rio?

Passageiro que não quer conversa: Vou. Meu nome é Alfredo, tenho cinquenta e oito anos, trabalho numa companhia seguros, sou casado, pai dois filhos, um dez, outro doze, minha mulher se chama Helena, moro Gávea, sou Flamengo e não abro, tenho um irmão advogado, não fumo, não bebo, o custo vida está uma desgraça e ainda não sei quem vou votar próxima eleição. Ah! Ia me esquecendo: já fui operado da próstata e agora com licença que eu quero ler o jornal.

Max Nunes. *O pescoço da girafa.* São Paulo: Companhia das Letras, 1997.

100

2 Xi! Este robô entrou em parafuso... Olhe só o que aconteceu com as preposições... Leia a fala dele e dê uma solução para melhorar o texto, reescrevendo-o. Depois confira com o professor o que você fez.

Balão do robô: Conforme combinado... bip... eu fui a o teatro, em aquela hora, comprar as entradas... bip. De esta vez, eu não errei. Eu fui per o caminho de aquele dia. Não conheço muito de isso... bip bip... mas encaro em uma boa.

Balão do homem: Nossa! Ele ainda tem muito o que aprender...

101

3 Leia esta propaganda.

CRIANÇAS NO BANCO DA FRENTE? SÓ DEPOIS DOS 10 ANOS E COM CINTO.

Ajude a salvar nossas crianças. Cuide delas no trânsito.

Todos os anos, mais de mil crianças morrem em acidentes no trânsito. Precisamos fazer alguma coisa. No carro, crianças até sete anos têm que estar em uma cadeirinha especial e as de sete a dez anos, no banco de trás e com cinto. Ao atravessar a rua, olhe para os dois lados, respeite a sinalização e segure a criança pelo pulso. Além disso, não deixe as crianças brincarem perto de ruas. Os lugares seguros são parques, praças e quadras fechadas, sempre com a presença de um adulto. Com a ajuda de todos, um grande problema pode ter uma simples solução.

www.saude.gov.br
www.cidades.gov.br DISQUE SAÚDE 0800 61 1997 SUS Denatran Ministério das Cidades Ministério da Saúde BRASIL UM PAÍS DE TODOS GOVERNO FEDERAL

Brasil. Ministério do Turismo. 2012.

a) Como podemos interpretar a imagem do anúncio?

b) Qual é a finalidade do anúncio?

c) Releia este trecho do anúncio: "Todos os anos, mais de mil crianças morrem em acidentes [...]". Que preposições aparecem nessa frase?

d) Chamamos de contração a junção da preposição com palavras de outras classes gramaticais. Retire da chamada, ou seja, do título do anúncio, três contrações e explique como foram formadas.

4) Agora observe a capa de livro reproduzida ao lado.
Essa é a capa de um livro muito famoso de Jorge Amado, que retrata a vida de um grupo de menores de rua que se escondem em um velho armazém numa das praias da Bahia.

a) No título do livro, o termo **da** é uma preposição ou contração? Justifique sua resposta.

b) A partir da pequena explicação sobre o enredo do livro, levante uma hipótese: por que o seu título é "capitães **da** areia" em vez de "capitães **de** areia"?

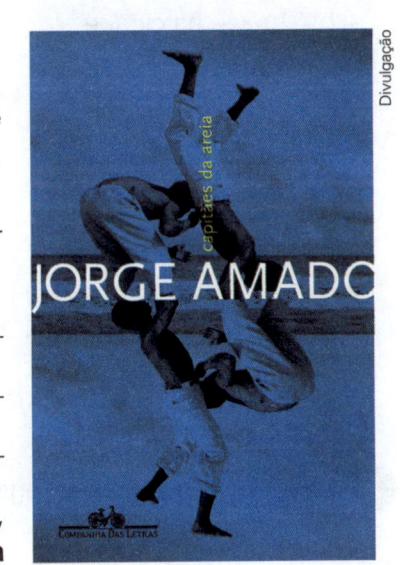

5) Uma preposição estabelece uma relação de sentido entre dois termos de uma frase. Observe as relações que a preposição **de** pode estabelecer e associe-as a um exemplo adequado na coluna ao lado:

PREPOSIÇÃO	EXEMPLO
1 – origem	( ) Viajamos **de** carro para Recife.
2 – conteúdo	( ) Derrubou um copo **de** vidro.
3 – posse	( ) Derrubou um copo **de** vinho.
4 – matéria	( ) Eu venho **de** família humilde.
5 – meio	( ) Morreu **de** fome.
6 – causa	( ) Adoro ouvir músicas **de** Chico Buarque.
7 – autoria	( ) Este é o carro **de** João.

103

DE OLHO NA ESCRITA

Palavras e expressões que causam dúvidas na escrita

1 Para usar adequadamente as preposições, e as locuções prepositivas, é importante conhecer o que elas significam. Complete as frases com as preposições do quadro. Para isso, observe a orientação entre parênteses que diz respeito ao significado de cada uma delas.

> em – ao – de – com – contra – para – sobre

a) Eu moro _____ Fortaleza. (lugar)

b) Choveu na cidade _____ duas semanas inteiras. (tempo)

c) Esta manhã nós sairemos _____ a professora e a turma. (companhia)

d) O Flamengo vai jogar _____ o Vasco nesta quinta. (oposição)

e) A quadra foi preparada _____ a Festa Junina. (finalidade)

f) O programa foi _____ os Jogos Olímpicos. (assunto)

g) Abriu as latas facilmente _____ o abridor novo. (instrumento)

2 Observe nas frases a seguir o uso das palavras **ao** e **de** nas locuções **ao encontro de** e **de encontro a**.

- Nós pensamos de modo semelhante. Percebi isso porque suas ideias vão ao encontro de minhas opiniões.

- Nós pensamos de modo bem diferente. Tudo o que você diz vai de encontro a tudo o que eu acredito.

Agora conclua, assinalando a alternativa correta.

a) Emprega-se **ao encontro de** para se referir a ideias que:

[ ] Estão de acordo com o que diz o nosso interlocutor.

[ ] Não estão de acordo com o que diz o nosso interlocutor.

b) Emprega-se **de encontro a** para se referir a ideias que:

[ ] Estão de acordo com o que diz o nosso interlocutor.

[ ] Não estão de acordo com o que diz o nosso interlocutor.

3 Algumas das expressões a seguir costumam causar dúvidas na hora de grafá-las.

a fim de – diante de – de frente – à frente – em frente – embaixo – em cima

a) Encaixe as expressões destacadas em azul nos espaços em branco das frases.

- João não aceitava as ideias dos pais. Batia _____ com tudo o que eles falavam.

- O homem enxergava longe. Estava _____ de seu tempo.

- O carro está estacionado _____ à padaria.

- Os amigos estão ensaiando juntos _____ obterem melhores resultados nos trabalhos.

- _____ uma situação difícil como essa, penso que devemos fazer uma nova tentativa.

b) Forme frases com as expressões destacadas em amarelo.

_____
_____
_____

4 Leia a informação a seguir.

As expressões "**junto a / junto de**" querem dizer "**perto de**". Assim, não é adequado empregá-las nas frases em que elas não signifiquem "perto de". Em outras situações, empregue as preposições adequadas (de, em, por, para, com etc.), conforme o verbo que a acompanha.

Agora é a sua vez. Assinale duas frases em que o uso da expressão **junto a** está incorreto. Corrija as frases reescrevendo-as.

[ ] A escola que ela procurava ficava junto ao viaduto.

[ ] O aluno negociou a mensalidade junto à escola.

[ ] Conseguiu junto ao diretor da empresa a autorização para usar o projeto.

[ ] Pegou o menino do berço, colocou-o junto a mim e foi embora.

_____
_____
_____
_____

PRÁTICA DE LEITURA

Texto 2 – Trecho de catálogo

Os saltimbancos

"Os músicos da cidade de Bremen", famoso conto dos Irmãos Grimm, ficou mais conhecido no Brasil depois de adaptado para o teatro.

Com músicas de Enrique Martinez e letras de Chico Buarque, o texto alemão passou a ser definitivamente "nosso" sob o nome de *Os saltimbancos*. Em resumo, quatro animais muito diferentes entre si buscam um só ideal para suas vidas: escapar da opressão de seus donos. O jumento, a galinha, a gata e o cão representam, poeticamente, cada qual com sua personalidade, o sonho comum a todo ser humano: derrotar toda forma de tirania.

Na trama, o jumento – cansado de tanto trabalhar sem recompensa alguma – decide fugir para a cidade, almejando um emprego como músico. No caminho, encontra um cachorro, na verdade mais um animal desiludido com seu antigo dono, pois sempre estava atrelado às suas ordens e nunca tinha nenhum tipo de reconhecimento. O jumento, sensibilizado pela história do seu "quase igual", convida o novo companheiro para segui-lo em direção à cidade. Pouco depois, no mesmo caminho, os dois encontram uma galinha, que também tinha fugido de um malvado dono. Rapidamente, ela se junta à dupla sonhadora. Adiante, encontram uma gata que não suportava mais viver presa, porque, segundo ela, os gatos já nascem livres. Por isso, também passou a acompanhar o trio.

Os quatro amigos, depois de muito caminhar, chegam à Pousada do Bom Barão, onde imaginavam poder descansar. Ledo engano! Uma placa sinalizava que a entrada de animais era proibida. Resolvem, então, olhar pela janela e, pasmos, veem no interior do local... os seus patrões. A primeira reação do grupo foi fugir para o mato. Em seguida, os bichos mudaram de ideia.

Decidiram, juntos, enfrentar seus ex-donos. Para surpresa de todos, os patrões é que fogem.

Como diz a letra da canção: "O animal é tão bacana, mas também não é nenhum banana".

Disponível em: <http://www.educared.org/educa/index.cfm?pg=biblioteca.interna&id_livro=50>. Acesso em: 15 fev. 2012.

Por dentro do texto

1. A que gênero textual esse texto está se referindo?
   _____

2. Quais são as personagens de *Os saltimbancos*? O que se pode dizer sobre cada uma delas?
   _____
   _____
   _____

3. Quando chegam à Pousada do Bom Barão, os animais são bem recebidos? Por quê?
   _____
   _____

4. O que acontece quando eles resolvem enfrentar juntos seus ex-donos?
   _____
   _____

5. Qual era o sonho comum entre os animais?
   _____

6. Podemos dizer que as personagens de *Os saltimbancos* e seus conflitos representam os seres humanos e alguns problemas próprios da natureza humana? Comente sua resposta.
   _____
   _____
   _____

7. Explique a origem da história de *Os saltimbancos* de acordo com as informações dadas no texto.
   _____

8. Identifique em que trecho do texto o autor apresenta dados sobre o contexto histórico da obra.
   _____

9. Identifique em que trecho o autor começa efetivamente a resumir a história.
   _____

Texto e construção

1 Releia as informações que se encontram antes do resumo da história dos saltimbancos e responda às próximas questões.

a) Qual é a finalidade das informações iniciais?

___

b) Qual é a intenção desse texto?

___

2 É possível afirmar que o texto do catálogo resume o conteúdo do livro *Os saltimbancos*? Explique.

___

> **Importante saber**
>
> O **resumo** é um gênero textual que circula no meio social em diferentes situações. Ele pode ser menor ou maior, mais ou menos enxuto, conforme as intenções de quem o produz. O catálogo visto, por exemplo, resume o conteúdo de uma obra com a finalidade de informar o leitor sobre o conteúdo do livro a ser comprado.
>
> Há situações em que um texto traz mais do que um resumo, ou seja, mais do que uma simples apresentação concisa dos conteúdos. Nesse caso, trata-se de uma **resenha**, gênero em que o resumo está presente, mas que também registra informações sobre o contexto de produção da obra, dados sobre sua divulgação e, algumas vezes, o julgamento, a avaliação do autor da resenha.
>
> Assim, o resumo pode ser autônomo ou integrar outro gênero textual.

REFLEXÃO SOBRE O USO DA LÍNGUA

Discurso direto e discurso indireto

1 Releia este trecho do diálogo entre as personagens do texto "A fuga".

MARIA LÚCIA	Calma, Renata. Primeiro a gente se instala aqui.
JOANA	Minha mãe vai ficar muito nervosa.
HELENA	E não é isso que a gente quer? Quando eles ficarem bem velhos a gente telefona e exige respeito.
JOANA	Vou telefonar agora.
JORGE	Vai coisa nenhuma. Primeiro o susto. Depois a gente apresenta nossas reivindicações.
GABI	Não quero não.

RENATA	Nem eu. Quero a minha mãe.
HELENA	Olha aqui, menina covarde. Se você pegar neste telefone vai se ver comigo.
JOANA	Cadê Juliana e o Paulo?
HELENA	Devem estar chegando. Olha na janela, anda Gabi.

(Gabi volta.)

GABI	Lá vêm eles.

(Entram Juliana e Paulo cheios de compras de supermercado.)

a) É possível identificar facilmente quem está falando no texto. Por quê?

b) Há algum narrador intermediando o diálogo entre as personagens?

c) As falas são ditas diretamente pelas personagens ou tem alguém falando por elas? Como podemos identificar isso no texto?

2 Compare o trecho a seguir com a parte do texto destacada na questão 1.

Maria Lúcia pediu calma à Renata. Disse que primeiramente elas iam se instalar ali. Joana falou que a mãe dela iria ficar muito nervosa e Helena perguntou se não era isso que elas queriam. Em seguida, disse que só quando os pais deles ficassem bem velhos é que eles iriam telefonar e exigir respeito. Joana disse que ia telefonar naquele momento.

a) Esse texto expressa essencialmente a mesma mensagem que o trecho destacado na questão 1?

b) Há personagens falando diretamente para o leitor? Explique.

3 Veja as duas formas de apresentar uma das falas da personagem Helena.

I. Fala direta da personagem

HELENA	Devem estar chegando. Olha na janela, anda Gabi.

II. Fala indireta da personagem

> Helena falou que eles deviam estar chegando e disse para Gabi olhar na janela.

a) Em qual das duas formas podemos perceber melhor o jeito com que Helena falou ou tratou Gabi? Por quê?

_____
_____
_____

b) Assinale a alternativa que melhor identifica as diferenças entre as duas formas de registrar a fala das personagens. Em seguida, sob orientação do professor, converse com sua turma justificando sua escolha.

☐ As duas formas revelam a mesma coisa.

☐ A exposição direta da fala revela mais da personagem, torna mais expressiva sua fala e dá mais informações.

Importante saber

Quando o narrador representa a fala da personagem (real ou fictícia), transferindo-a diretamente para o texto, temos o **discurso direto**. A fala da personagem no discurso direto é usualmente introduzida por **travessão**.

Quando o narrador incorpora a fala da personagem e a transmite com suas palavras, expressando somente a essência de seu pensamento, ele utiliza o **discurso indireto**.

Aplicando conhecimentos

1 Suponha que você tenha presenciado o diálogo entre as personagens de "A fuga" e vai contar a história para quem não estava lá. Reconte o trecho da 12ª fala (Joana) até a 19ª fala (Gabi).

_____
_____
_____
_____
_____
_____
_____
_____
_____
_____

2 O texto que você vai ler é uma anedota, uma piada, que foi alterada para o discurso indireto. Certamente, parte de sua graça está na estrutura de um texto com diálogo. Então, para perceber o humor deste texto, passe-o para o discurso direto.

A professora dizia que, para termos uma vida saudável, devíamos nos alimentar de forma correta e, por isso, era importante sabermos o valor nutritivo dos alimentos. E pediu à Paulinha que desse um exemplo de alimento que engorda.

Paulinha respondeu à professora que é o pão.

A professora concordou e enfatizou que o pão é um dos alimentos que mais engorda.

Zezinho, lá do fundo, gritou que estava errado, que o pão não engorda, e sim quem come ele!

PRÁTICA DE LEITURA

Texto 3 – Auto de Natal (fragmento)

Antes de ler

1. Leia apenas as oito primeiras linhas do texto abaixo e procure identificar o seu gênero textual.

2. Observe esta capa de DVD ao lado.

- Você sabe o que é um **auto**? Converse com seu professor e colegas sobre o assunto ou pesquise o significado dessa palavra no dicionário.

Auto de Natal

[...] *(Entra um ator, imitando um carro. Não usa qualquer elemento cênico, além da expressão corporal.)*

TÁXI	Olha o táxi *(meio cafajeste)*. Faço lotação pra Copacabana via Cericecó! Cadê o freguês?
ZÉ	Pode me levar pra Cascadura?
TÁXI	Só levo pra Casca Mole... senão fura meu pneu! Quem vai pra Copacabana?
ZÉ	Pra Tijuca, pode me levar?
TÁXI	Cruz-credo! Tijuca? Cheio de buraco de metrô? E se eu cair no buraco e virar tatu?
ZÉ	E pra Santa Teresa, pode ser?
TÁXI	Pra Santa Teresa? Deus me livre! Eu não sou avião pra subir pro alto morro, não, ouviu? Eu sou táxi, sou lotação pra Copacabana! Fonfon! Fonfon! Olha o táxi-lotação! [...]
DAS GRAÇAS	Zé... como é que vai ser? Nosso filho vai nascer assim, no meio da estrada, aqui?
ZÉ	Calma, Das Graças! Calma! Estou vendo um avião! Seu Avião! Seu Aeroplano! Quer dar um pulinho aqui, que é coisa de precisão?

(Aparece um ator, de braços abertos, fazendo o avião; entra num pulo.

É um avião com sotaque de norte-americano.)

AVIÃO	O que é?
ZÉ	Seu Avião, o senhor pode levar a gente pra nossa casa, na Serrinha de Cericecó?
AVIÃO	Eu só levo turistas americanos, entende? Vocês são americanos?
DAS GRAÇAS	Somos americanos do sul, serve?
AVIÃO *(fazendo cara de nojo)*	
	Do sul? Latin-America? Não serve absolutamente not! Só sirvo turistas norte-americanos! Time is money... tempo é dinheiro... adoro dólar... detesto cruzeiro! *(Sai sapateando.)*
ZÉ	Calma, Das Graças! Estou vendo num rio, bem aqui... e vem vindo um barco-navio, muié! Calma!

(Aparece um navio, feito por um ator, apenas com expressão corporal. É uma espécie de navio-pirata. O ator, como única caracterização, usa um tapa-olho preto.)

ZÉ	Seu Barquinho! Seu Barquinho! Dona Canoa! Dona Jangada!
NAVIO	Isso é comigo, camarada? Mais respeito! Eu sou um navio-pirata!
DAS GRAÇAS	Pirata? É Pirata, Zé? Estou com medo!
ZÉ	Calma, Das Graças! Calma! Seu Navio-Pirata, o senhor pode levar a gente pra nossa casa? É urgente! Minha muié está pra ter um bebê!
NAVIO *(música de* A barquinha virou*)*	
	Este barco chegou
e só sabe roubar
dinheiro é meu rumo
é meu navegar!
Pois meu barco virou
barcaça e canhão
que o mar deste barco
se chama inflação!
ZÉ	A resposta, seu Navio-Pirata, qual é?
NAVIO	É "não"!

(Sai o Navio, navegando.)

Sylvia Orthof. *Fantasma de camarim*.
Belo Horizonte: Formato, 1995.

Por dentro do texto

1 Releia o trecho a seguir.

> Avião   Eu só levo turistas americanos, entende? Vocês são americanos?
>
> Das Graças   Somos americanos do sul, serve?
>
> Avião *(fazendo cara de nojo)* Do sul? Latin-America? Não serve absolutamente not! Só sirvo turistas norte-americanos! Time is money... tempo é dinheiro... adoro dólar... detesto cruzeiro! *(Sai sapateando.)*

a) Qual é a crítica social presente nesse trecho do texto?
_____
_____

b) Em sua opinião, ela ainda pode ser considerada atual?
_____
_____

2 Releia o trecho cantado pela personagem Navio. Qual é a semelhança entre as ideias do Navio e as do Avião?
_____
_____

3 Você conhece alguma outra história em que uma mulher tenta dar à luz e não consegue ser acolhida? Conte-a para a turma.
_____
_____

4 Com base na leitura desse primeiro trecho do texto, como você deduz que essa história irá terminar? Confira suas hipóteses lendo mais este trecho da história.
_____
_____

> *(Mudança de luz, tudo vai ficando azulado, poético.)*
>
> Das Graças   Zé! Meu filho está chegando. O nosso bebê vai nascer agora!
>
> Zé   Das Graças, fique calma... parece que tudo está mudando! Vamos ajudar o menino a nascer, Das Graças!

(Zé deita Das Graças numa rede do cenário. A rede é furada, de modo que os bonecos ficam à vista do público, manipuladores, semiescondidos, atrás. Foco de luz cresce sobre Das Graças. Começa a acontecer, suavemente, o parto. A boneca, deitada. De dentro de suas roupas, ajudada por Zé, que serve de parteiro, aparece, pouco a pouco, o bebê.)

ZÉ *(falando com suavidade)*
                Calma, Das Graças... nosso bebê já está nascendo...

DAS GRAÇAS   Eu estou calma, Zé... eu estou muito feliz!

(Vai crescendo um luar pela esquerda: aparece Lampião.)

(Enquanto acontece a cena do nascimento, entra Lampião, cantando suavemente uma ciranda.)

LAMPIÃO *(música de* Cirandeiro, ó cirandeiro ó*)*

Nesta ciranda
feita de rede tecida
vem trançada toda a vida
que uma estrada caminhou.
É muita rede
muita fome
muita sede
céu aberto
sem parede
muita seca
passou.

É numa rede
numa fome
numa sede
que a ciranda
se acende
no brilho
de um lampião.
Novo caminho
nova estrela
novo ninho
milagre pariu um filho
na rede
do meu sertão!

(A criança acaba de nascer.)

ZÉ   Nasceu! Nasceu!
LAMPIÃO   Nasceu!
ZÉ   É uma menina!
LAMPIÃO   É uma menina! É uma menina! Vou anunciar pro sertão! Nasceu uma menina! Quem iluminou o parto foi a luz do Lampião! *(Sai.)*

(Os fantoches continuam nas redes. Ficam em destaque, não são mais ligados aos manipuladores. Das Graças, Zé e a menina, sob um fogo de luz, parecendo uma lapinha dentro de uma rede.)

CORO *(irrompe)*   Vem, meu boi bonito
                     vem, chegou a hora
                       já deu meia-noite
                       já rompeu a aurora!

(Vão entrando os três bois, como reis magos. Param em frente à criança.)

BOI VERMELHO	É uma menina! Que o nome dela lembre a minha cor! Podia ter o nome de... Rosa! Que tal Rosa? É um bonito nome!
CORO	Vem, meu boi bonito etc.
BOI AMARELO	É uma menina! O nome dela podia lembrar a minha cor... o miolo da margarida é amarelinho... Que tal Margarida? É um bonito nome!
CORO	Vem, meu boi bonito... etc.
BOI BRANCO	É uma menina?

Nem Rosa, nem Margarida

nem branco, que suja tanto!

O nome desta menina

deve ser verde assim

igual ao verde perfeito

deste pé de alecrim! *(Reaparece o Alecrim.)*

O nome desta criança

deve ser verde-verdura

coisa nova

muito pura:

o nome?

É ESPERANÇA

1   Esperança de que toda criança possa

ter uma rede pra dormir

uma casa pra morar

e roupa pra vestir!

2   Rapadura pra comer

e leite pra tomar

caderno pra escrever

escola pra estudar!

3   Muita folia de bois!

Que o amor se planta "antes"

Pra nascer o "depois"!

(Música cresce em folia ritmada, folguedo total. A música ficará a critério da direção.)

Sylvia Orthof. *Fantasma de camarim*. Belo Horizonte: Formato, 1995.

REFLEXÃO SOBRE O USO DA LÍNGUA

Frase e oração

1. Obseve os enunciados a seguir e indique qual deles pôde ser compreendido e qual deles não pôde.

A	B
"– Olha o táxi."	"– Faço lotação pra"

_____

2. Volte ao início do *Auto de Natal*, procure o enunciado B e escreva o que falta nele para que possa ter sentido completo.

"– Faço lotação pra _____"

3. Leia os enunciados a seguir.

- "Zé deita Das Graças numa"
- "Nasceu!"
- "Cruz-credo!"
- "Eu só levo turistas americanos."

a) Copie o único enunciado que não apresenta sentido completo.

_____

b) Copie, a seguir, o enunciado com sentido completo que não apresenta verbo.

_____

c) Copie a seguir os enunciados com sentido completo que apresentam verbo.

_____

Importante saber

Aos enunciados que, dentro de uma situação comunicativa, apresentam sentido completo damos o nome de frase.

As frases podem ser constituídas por uma ou mais palavras.

- Há frases constituídas por uma só palavra, que pode ou não ser um verbo.
– Cheguei!
– Socorro!

117

■ Há frases constituídas de várias palavras, entre as quais se incluem ou não verbos.

"Muita folia de bois!"

"Estou com medo!"

Quando um enunciado é constituído em torno de um verbo, damos a ele o nome de **oração**. Releia os enunciados:

"Muita folia de bois!" – é uma frase, mas não é uma oração, pois tem sentido completo, mas **não** possui um verbo.

"Estou com medo!" – é frase e é oração, pois tem sentido completo e possui um verbo (estou).

Cada oração é composta de um único verbo ou locução verbal. Dessa forma, para cada verbo ou locução verbal, contamos uma **oração**. Observe.

"E se eu **cair** no buraco e **virar** tatu?"

É uma frase composta de duas orações, já que possui dois verbos.

Conjunção

1. Releia a frase a seguir.

"E se eu cair no buraco e virar tatu?"

- A frase é composta de duas orações. Assinale a palavra que estabelece a ligação entre as duas orações.

[ ] no   [ ] e   [ ] virar

2. Leia outra frase:

Chegou na hora marcada, mas não esperou muito tempo pela amiga.

a) Indique quantos verbos tem a frase e sublinhe os verbos encontrados.
_____
_____

b) Quantas orações há na frase?
_____
_____

c) Que palavra liga as duas orações?
_____
_____

118

Importante saber

A palavra que foi usada para unir, para articular as orações anteriores é chamada **conjunção**.

- Veja a conjunção unindo orações.

José chegou **e** cumprimentou a dona da casa, **mas** não quis ficar muito tempo.

No exemplo acima há três orações:
José chegou (1ª oração)
Cumprimentou a dona da casa (2ª oração)
Não quis ficar muito tempo (3ª oração)

Na frase acima, as conjunções "e" e "mas" articularam as orações.

- As conjunções também podem articular unidades linguísticas de mesmo valor. Veja alguns exemplos.

Os atores devem dançar verdadeiros **e** simples.

A aluna poderá trazer doce **ou** salgado.

Zé **e** Das Graças chegaram.

Conheça algumas conjunções:
e, mas, porém, contudo, entretanto, pois, porque, portanto, que, se, ou, como, enquanto etc.

Aplicando conhecimentos

1 Nos enunciados a seguir, marque (1) para aqueles que são frases e oração e (2) para os que são apenas frases.

( ) "Fogo!" ( ) "Entre, por favor." ( ) "Cresça e apareça!"

( ) "Que situação!" ( ) "Andar de bicicleta é o máximo!"

( ) "A peça encantou também aos que vieram de outros estados." ( ) "Puxa!"

2 Reescreva as frases unindo as orações com as conjunções adequadas para dar sentido a elas. Entre as três conjunções dadas entre parênteses, escolha duas para unir as orações.

a) Os escritores chegaram / apresentaram seus livros / ficaram satisfeitos.

(para – logo – e)

_____

_____

_____

119

b) Nesta fase do concurso, as músicas da lista serão selecionadas / serão descartadas / todas elas surpreenderam pela boa qualidade.

(enquanto – porém – ou)

_____

_____

_____

c) Deixei cair os cadernos / eu pegava os materiais para o trabalho / voltarei para buscá-los.

(enquanto – como – portanto)

_____

_____

_____

d) O ator gostou do filme / também o público o aplaudiu / o diretor ficou decepcionado com o resultado.

(como – entretanto – pois)

_____

_____

_____

e) Os profissionais trouxeram técnica / imprimiram criatividade à peça / acreditaram de verdade no sucesso dessa obra.

(porque – ou – e)

_____

_____

_____

3 Substitua nas frases as palavras ou expressões por uma conjunção, de modo que o sentido delas não se modifique.

a) "O animal é tão bacana, mas também não é nenhum banana."

_____

_____

_____

b) "Adiante, encontram uma gata que não suportava mais viver presa, porque, segundo ela, os gatos já nascem livres."

_____

_____

_____

c) Na escola, raramente se trabalha com iluminação em virtude da falta de material adequado. No entanto, podem se usar lanternas, velas etc.

_____

_____

4 Releia a fala da personagem Joana, retirada da peça *A fuga*.

"Minha mãe, garanto que ainda nem reparou. Está ocupada demais com o novo namorado."

- Una as orações substituindo o ponto-final por uma conjunção.

_____

_____

5 Procure em jornais ou revistas duas frases com conjunção ligando orações. Recorte e cole a seguir.

121

PRODUÇÃO DE TEXTO

Com base no resumo que você leu da peça *Os saltimbancos*, você e seus colegas farão uma dramatização de um trecho da história, ou um esquete teatral (encenação rápida).

PLANEJE SEU TEXTO

Respondam a cada um dos itens do quadro como modo de planejamento. Ampliem o número de itens, se precisarem. Verifiquem se cumpriram o planejado na hora de avaliarem o texto.

PARA ESCREVER A NOTÍCIA	
1. Qual é o público leitor do texto?	
2. Que linguagem vamos empregar?	
3. Qual é a estrutura que o texto vai ter?	
4. Onde o texto vai circular?	

ORIENTAÇÕES PARA A PRODUÇÃO

1. Releiam o texto para colher todas as informações sobre as personagens: o que elas pensavam, em que situação estavam, como se encontraram, quais seus conflitos e seus sonhos, o que sentiam e tudo por que passaram na história. Além do resumo do texto, pesquisem mais sobre essas personagens em outras fontes.
2. Identifiquem o conflito que desencadeia a ação para desenvolver a trama.
3. Deem nomes aos animais e atribuam características a cada um deles, conforme vimos na peça de Maria Clara Machado: Joana (quieta) / Mariana (brigona). Façam a apresentação das personagens no começo do texto. Exemplo:

> Animal – nome (característica)
> O jumento – Zumbi (corajoso)

4. Localizem o lugar onde ocorrem as ações.
5. Criem os diálogos, identificando as falas das personagens.
6. Utilizem o recurso da **rubrica**, que é marcação dos atores em cena, para enriquecer a produção. Vejam os exemplos do *Auto de Natal*, de Sylvia Orthof.

> *(Entra um ator, imitando um carro. Não usa qualquer elemento cênico, além da expressão corporal.)*
> TÁXI   Olha o táxi *(meio cafajeste)*. Faço lotação pra Copacabana via Cericecó! Cadê o freguês?
> ZÉ *(falando com suavidade)*
>   Calma, Das Graças... nosso bebê já está nascendo...

7. Não se esqueçam de dar voz a todas as personagens e variem as falas, empregando uma linguagem que combine com as características de cada uma delas.
8. Como não haverá narrador, as falas das personagens precisam dar todas as informações importantes da história, para que o expectador não fique perdido, sem entender o enredo, a apresentação.
9. Releiam, neste capítulo, o quadro **Importante saber** que trata de textos dramáticos.

AVALIAÇÃO E REESCRITA

Depois do texto escrito, façam uma leitura atenta e alterem tudo o que acharem necessário na fala das personagens. Analisem se as rubricas orientam suficientemente o curso da dramatização.

Essa avaliação deve ser realizada por todo o grupo. Em seguida, passem a limpo e preparem uma cópia para cada aluno que irá encenar.

LEIA MAIS

Você costuma ir ao teatro? Sabe de que modo pode informar-se sobre as peças que estão em cartaz? Os jornais, as revistas impressas e eletrônicas, e os *sites* especializados costumam trazer resumos de espetáculos e resenhas críticas sobre eles. Nesses locais de circulação, em geral, você também encontra informações sobre data, local e horário dos espetáculos. Procure esses textos, verifique os espetáculos que estão em cartaz: alguns deles são gratuitos, outros não, mas sempre vale a pena investir naquilo que nos alimenta culturalmente, não é mesmo? Então, pesquise, descubra o novo e divirta-se.

PREPARANDO-SE PARA O PRÓXIMO CAPÍTULO

Escolha, dentre os livros que você leu até hoje, aquele que lhe deixou as melhores recordações. Leve-o para a sala com uma breve pesquisa sobre seu autor. Orientado pelo professor, indique o livro para os colegas e justifique sua indicação.

Unidade 3
Ficção e realidade

Nesta unidade, você vai estudar:

- **FOCO NARRATIVO**

- **PRONOME INTERROGATIVO E PRONOME RELATIVO**

- **SUJEITO E PREDICADO**

- **TIPOS DE SUJEITO**

- **ORTOGRAFIA:**

- **USOS DA VÍRGULA**

- **SONS DO X**

PARA COMEÇO DE CONVERSA

1. Procure se lembrar de filmes de detetive a que você já assistiu. Conte resumidamente aos seus colegas um filme desse tipo que considera marcante.

2. Na sua opinião, que assuntos podem ser tratados em filmes de detetive?

3. Do seu ponto de vista, o que torna um filme de detetive interessante?

4. Você já leu algum livro cuja narrativa envolvesse bastante mistério e suspense? Qual? O que mais lhe despertou atenção na leitura desse livro?

5. Observe as capas dos livros a seguir. Compare-as e explique as semelhanças que elas apresentam em relação ao assunto, ao título e às ilustrações.

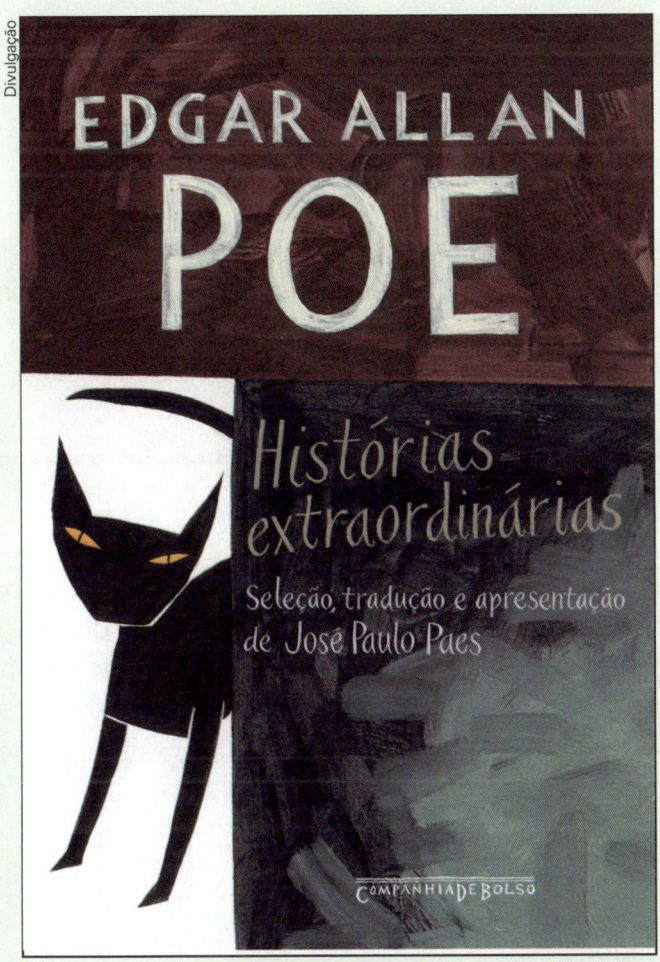

Edgar Allan Poe. *Histórias extraordinárias*. São Paulo: Companhia de Bolso, 2008.

Marcos Rey. *Um cadáver ouve rádio*. São Paulo: Ática, 1998.

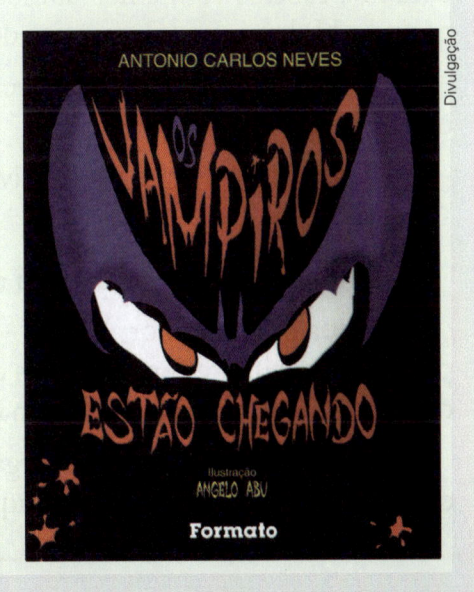

Antonio Carlos Neves. *Os vampiros estão chegando*. Belo Horizonte: Formato, 2000.

Capítulo 1

HISTÓRIAS PARA FAZER PENSAR E HISTÓRIAS DE ARREPIAR...

PRÁTICA DE LEITURA

Texto 1 – Narrativa de enigma

Antes de ler

1. Muitos detetives de narrativas de ficção ficaram famosos por suas histórias, como Sherlock Holmes, por exemplo. O que você já ouviu falar dele? Conte o que sabe para seus colegas.

2. Você já teve a oportunidade de ler alguma aventura de Sherlock Holmes? Qual? Qual sua opinião sobre o texto?

A liga dos cabeças vermelhas

Fui visitar meu amigo, Sherlock Holmes, num dia de outono do ano passado. Encontrei-o conversando seriamente com um senhor idoso e corpulento, de rosto corado e cabelos vermelhos. Desculpando-me pela intromissão, estava para me retirar quando Holmes me puxou para dentro e trancou a porta atrás de mim.

– Você não poderia ter aparecido em melhor hora, meu caro Watson – disse cordialmente.

– Tive receio de que você estivesse ocupado.

– Estou. E muito.

– Então posso esperar na sala ao lado.

– Nada disso, senhor Wilson – dirigiu-se ao cliente –, este cavalheiro tem sido meu parceiro e auxiliar em muitos dos casos de maior sucesso em que trabalhei. Não tenho dúvidas de que ele será de extrema importância também no seu.

Aquele senhor corpulento ergueu-se parcialmente, à moda de cumprimento, enquanto me fitava, curioso, com aqueles olhinhos perdidos no vasto rosto.

— Sente-se — disse Holmes, voltando à sua poltrona e juntando as pontas dos dedos, como fazia quando se encontrava em "modo analítico". — Eu sei, caro Watson, que você compartilha do meu entusiasmo por tudo o que é bizarro e fora das convenções e rotinas do cotidiano. Você demonstrou isso pelo ânimo com que descreve e, se me permite dizer, "doura" muitas de minhas pequenas aventuras.

— Seus casos realmente têm sempre me interessado muito — respondi.

— Você se lembra de que eu disse, outro dia, pouco antes de nos entretermos com o problema da srta. Mary Sutherland, que para resolver fatos estranhos e eventos extraordinários precisamos buscar as respostas na vida normal, que sempre é mais desafiadora que qualquer esforço da imaginação?

— Uma afirmação da qual tomei liberdade de discordar.

— Realmente, doutor, mas, apesar disso, tem de aceitar meu ponto de vista ou, do contrário, ficarei jogando fatos sobre você, até que fique desorientado e tenha de me dar razão.

Bem, este é o sr. Jabes Wilson, que teve a bondade de me visitar esta manhã e começar uma história que promete ser uma das mais peculiares que já ouvi. Já lhe disse que as coisas mais estranhas e inexplicáveis estão, muito frequentemente, ligadas aos pequenos crimes, e não aos grandes. Às vezes, pode-se duvidar se realmente houve um crime. Até onde ouvi, é impossível afirmar se este caso é um exemplo de transgressão da lei ou não. De qualquer modo, a sequência de fatos está, com certeza, entre as mais extraordinárias que já escutei. Peço-lhe então, sr. Wilson, que faça a gentileza de recomeçar sua história. Não só porque meu amigo, dr. Watson, perdeu o início, mas também porque a singularidade dessa narrativa faz com que eu deseje captar todos os detalhes possíveis. Como regra, quando eu ouvir alguma indicação sobre o rumo dos acontecimentos, poderei me guiar através dos milhares de casos semelhantes que tenho na memória. No momento, sou forçado a admitir que os fatos, realmente, são únicos.

O grande cliente estufou o peito, parecendo estar um pouco orgulhoso, e puxou um jornal sujo e amassado do bolso interno de seu sobretudo. Enquanto seus olhos corriam a coluna de anúncios com a cabeça jogada para frente e o jornal sobre os joelhos, observei aquele homem, procurando aplicar os métodos de meu amigo para destacar detalhes que pudessem estar presentes nas suas roupas e aparência.

Contudo, não consegui muita coisa com minha inspeção. Nosso visitante possuía todos os indícios de ser um comerciante britânico comum: **obeso**, **pomposo** e lerdo. Vestia largas calças cinzentas e um casaco preto não muito limpo e desabotoado. Em seu colete, dependurava-se uma pesada corrente de relógio, enfeitada por um quadrado de metal. Uma cartola esfarrapada e um sobretudo marrom, desbotado, jaziam sobre a cadeira a seu lado. De modo geral, pelo que pude observar, não havia nada de extraordinário quanto àquele homem, a não ser os cabelos vermelhos e a expressão constante de descontentamento e desgosto.

Sherlock Holmes logo percebeu do que eu me ocupava e balançou a cabeça, sorrindo, quando notou que eu nada conseguira.

— Além dos fatos óbvios de que já exerceu algum trabalho manual, cheira **rapé**, é **maçom**, esteve na China e tem escrito bastante ultimamente, nada mais posso deduzir.

O sr. Jabes Wilson se levantou com o dedo marcando um ponto do jornal enquanto encarava meu amigo.

— Como, em nome de Deus, sabe de tudo isso, sr. Holmes? Como sabe, por exemplo, que trabalhei com as mãos? Está absolutamente certo, pois comecei como carpinteiro num navio.

— Suas mãos, meu senhor. A direita é muito maior que a esquerda. Trabalhou com ela, desenvolvendo-a muito mais que a outra.

— Bem, e quanto ao rapé e à **maçonaria**?

— Não vou insultar sua inteligência contando como percebi isso, principalmente porque, desobedecendo às regras de sua ordem, o senhor usa um prendedor de gravata com esquadro e compasso.

— Ah, claro, esqueci-me disso. E quanto a escrever muito?

— O que mais explicaria essa marca no punho direito da camisa e a outra no cotovelo, onde o senhor se apoia na escrivaninha?

— E quanto à China?

— O peixe que tem tatuado logo abaixo do pulso direito só pode ter sido feito lá. Já escrevi um estudo sobre tatuagens, uma pequena contribuição à literatura sobre o assunto. O expediente de colorir as escamas do peixe com um tom delicado de rosa é particular à China. Além disso, ao ver uma moeda chinesa pendurada em sua corrente, tudo fica muito claro.

Jabes riu com vontade.

— Bem, eu nunca vi... — começou. — Primeiro, pensei que o senhor fizera algo realmente fantástico, depois compreendi que não houve nada demais.

— Começo a pensar, Watson — disse Holmes —, que não faço bem em me explicar. *Omne ignoto pro magnifico*, "tudo que é desconhecido é tido por magnífico", você sabe. Desse jeito, minha pequena reputação irá naufragar se eu for sempre tão aberto.

Arthur Conan Doyle. "A liga dos cabeças vermelhas".
O mistério do Vale Boscombe e outras aventuras.
São Paulo: Melhoramentos, 1999.

Por dentro do texto

1 Quais são as personagens que participam no texto?
_____

2 Retire um trecho do texto que nos permite imaginar que Sherlock Holmes é um detetive.
_____
_____
_____
_____
_____

3 Ao fazer uma análise minuciosa da figura de seu cliente, o sr. Jabes Wilson, o que Sherlock Holmes quis provar para o dr. Watson?
_____
_____

4 Identifique cada detalhe que Sherlock observou para descobrir aspectos da vida de seu cliente. E, em seguida, relacione cada detalhe a o que o detetive deduziu com base neles e complete as informações que faltam nas pistas e conclusões.

PISTAS	CONCLUSÕES
a) As mãos: a direita era mais desenvolvida do que a esquerda.	( ) As marcas no punho e cotovelo da camisa demonstram que o cliente os apoiou em uma _____, portanto, o detetive deduziu que, nos últimos tempos, ele_____ bastante.
b) O cliente usava um _____ _____ com esquadro e compasso.	( ) O detetive pôde confirmar que o cliente havia estado na China.
c) O homem apresentava uma marca no punho direito da camisa e a outra no cotovelo.	( ) Uma das mãos mais desenvolvida permitiu ao detetive concluir que o cliente trabalhara em _____.
d) O cliente tinha um peixe tatuado no punho com escamas coloridas de um tom específico de rosa, bem como uma _____ pendurada à corrente que usava.	( ) O detetive conheceu que os símbolos, presentes no prendedor de gravata, esquadro e _____, são da maçonaria, o que o fez identificar o seu cliente como_____.

129

5 Em que se baseia a afirmação de Sherlock de que sua reputação iria naufragar se ele fosse sempre tão aberto?

_____

6 Transcreva um trecho do texto em que podemos perceber que uma das personagens da história é o narrador.

_____

_____

_____

- Que personagem é essa? Retire um trecho do texto em que o detetive demonstra ter consciência de que essa personagem é o divulgador de suas aventuras.

_____

_____

Importante saber

As palavras **narrador** e **escritor** não são sinônimas. Enquanto o escritor é o autor de um texto, o narrador é uma figura criada pelo escritor para narrar sua história.

Ao escrever o texto, o escritor determina se o narrador participará dos fatos que vai narrar, ou se assumirá a posição de observador dos fatos, contando-os à distância, sem deles participar.

Nesses dois casos, os narradores contam os acontecimentos de acordo com seu modo de ser, com seu ponto de vista sobre o que narram, ou seja, aproximam-se mais ou menos dos fatos narrados. A essa posição do narrador quanto aos fatos narrados, damos o nome de **foco narrativo**.

Quando o narrador participa da história que está contando, dizemos que se trata de um **narrador-personagem** e que o **foco narrativo** está em **1ª pessoa**.

Quando o narrador não participa da história que está contando, dizemos que se trata de um **narrador observador** e que o **foco narrativo** está em **3ª pessoa**.

REFLEXÃO SOBRE O USO DA LÍNGUA

Pronome interrogativo e pronome relativo

1 Responda: fazer perguntas é uma ação importante em uma investigação? Por quê?

_____

_____

_____

_____

2 Leia estas perguntas retiradas do texto.

> "– **Como**, em nome de Deus, sabe de tudo isso sr. Holmes?"
>
> "– **O que** mais explicaria essa marca no punho direito da camisa e a outra no cotovelo, onde o senhor se apoia na escrivaninha?"

a) As palavras em destaque, na fala das personagens, têm uma função específica. As perguntas ficariam claras sem essas palavras?

_____

b) Assinale a alternativa que corresponde à função dessas palavras nas frases em que foram usadas.

[ ] Elas retomam informações anteriores.

[ ] Elas servem para formular uma pergunta.

[ ] Elas substituem nomes que já foram citados anteriormente.

Importante saber

Os **pronomes interrogativos**, como o próprio nome já diz, são os que são usados para formular frases interrogativas.

Conheça alguns deles:

que, quem, qual, quais, quanto, quanta, quantos, quantas

Observe alguns exemplos de uso do pronome interrogativo em perguntas diretas:

– **Que** horas são?

– **Quantos** anos você tem?

– **Quem** virá à festa?

– **Qual** é o problema?

Nem sempre as perguntas são feitas de modo direto. Veja o uso do pronome interrogativo em frases interrogativas indiretas.

– Precisamos saber **quem** virá à festa.

– Gostaria que me dissesse **qual** é o problema.

3 Releia esta fala da personagem Jabes Wilson, retirada do texto "A liga dos cabeças vermelhas".

> "– Bem, e quanto ao rapé e à maçonaria?"

a) Circule na frase o pronome interrogativo usado para formular a pergunta.

b) Transcreva do texto mais duas frases com estrutura semelhante a essa, e que contenham o mesmo pronome interrogativo na pergunta.

_____

131

4 Leia estas frases retiradas de narrativas de enigma.

> I – "[...] teve a bondade de me visitar esta manhã e começar uma história **que** promete ser uma das mais peculiares que já ouvi."
>
> II – "[...] observei aquele homem, procurando os métodos de meu amigo para destacar detalhes **que** pudessem estar presentes nas suas roupas e aparência."

a) Assinale a alternativa que corresponde à função da palavra **que** nas frases apresentadas.

[   ] Elas antecipam um termo que aparecerá em seguida.

[   ] Elas servem para formular uma pergunta.

[   ] Elas substituem, retomam um termo que já foi citado anteriormente.

b) A que palavra da oração anterior o pronome **que** se refere nos trechos I e II?

_____

_____

Importante saber

A palavra **que** nos exemplos anteriores refere-se a um termo antecedente e estabelece relação entre duas orações. O termo **que** é um pronome relativo.

Assim, o pronome relativo é aquele que, geralmente, refere-se a um termo da oração anterior no início de uma nova oração. Observe o uso do pronome relativo nos exemplos a seguir.

– Onde está o brinquedo **que** eu dei ao bebê?

Encontrou a revista **que** queria há tanto tempo.

Conheça alguns pronomes relativos:

o qual, a qual, os quais, as quais, que, quem, cujo, cuja, cujos, cujas, onde

Aplicando conhecimentos

1 Leia a anedota abaixo.

> Sherlock Holmes e o doutor Watson vão acampar. Após um bom jantar e uma garrafa de vinho, entram em sua barraca e caem no sono.
>
> Algumas horas depois, Holmes acorda e sacode o amigo:
>
> – Watson, olhe para o céu estrelado. O que você deduz disso?
>
> Depois de ponderar um pouco, Watson diz:

— Bem, astronomicamente, estimo que existam bilhões de galáxias e potencialmente milhões de planetas. Astrologicamente posso dizer que Saturno está em Câncer. Também dá para supor, pela posição das estrelas, que são cerca de 3h15 da madrugada... E você, Holmes? O que me diz?

Sherlock responde:

— Watson, seu idiota! Alguém roubou nossa barraca!

Disponível em: <pt.wikipedia.org/wiki/piada>. Acesso em: 13 nov. 2008.

a) O que provoca humor nessa anedota?
_____
_____

b) Reescreva as duas únicas frases do texto que contêm pronome interrogativo.
_____

c) Coloque-se no lugar da personagem Sherlock Holmes e, com base na pergunta que ele fez ao amigo, crie uma frase interrogativa indireta que trate sobre o fato de a barraca ter sumido sem mencionar esse fato. Dirija a pergunta à personagem Watson.
_____
_____

2 Observe os pronomes interrogativos a seguir e forme frases interrogativas que costumam ser usadas em situações comunicativas no dia a dia.

a) que: _____

b) quem: _____

c) qual: _____

d) quanto: _____

e) quantas: _____

3 Nas frases a seguir, identifique o pronome relativo que faz a ligação entre orações.

a) "[...] a sequência dos fatos está, com certeza, entre as mais extraordinárias que já escutei."
_____

b) "[...] vimo-nos precipitados numa sequência de acontecimentos que suscitaram a máxima emoção [...]"
_____

133

c) "A mais próxima delas era o pequeno povoado de Tredannick Wollas, onde as moradias de duas centenas de habitantes se aglomeravam em torno de uma vetusta igreja coberta de musgo."

d) "Lancei um olhar ao pároco, humildemente vestido, ao lado de seu pensionista, cuja indumentária era irrepreensível [...]"

4 Indique a qual palavra ou expressão da oração anterior o pronome relativo em destaque se refere.

a) Ele fez questão de comprar a casa **onde** a mãe morara durante anos.

b) Sentou-se ao lado da irmã, **a qual** chamava de Duca quando era criança.

c) Vera agradeceu ao detetive **a quem** confiou seu caso.

d) Marcos gosta dos filmes **que** desafiam a imaginação.

e) Aqueles irmãos tinham muitos segredos, **os quais** nunca foram revelados aos pais.

5 Una as orações usando um dos pronomes entre parênteses.

a) Ele voltou à cidade. Era a cidade do seu nascimento. (o qual – onde)

b) Bruno foi jogar bola com os amigos. Os amigos foram selecionados no teste. (cujo – os quais)

134

c) João gostava de uma garota. A irmã dela estudava na sala dele. (a quem – cuja)

d) Ana perdeu uma amiga. Ela a amava muito. (de quem – a quem)

e) Papai conseguiu o emprego. O emprego que ele tanto desejava. (que – cujo)

PRÁTICA DE LEITURA

Leia a seguir um trecho de uma outra história protagonizada pelo mesmo detetive e observe como o escritor britânico sir Arthur Conan Doyle vai nos envolvendo em um clima de suspense e terror.

Texto 2 – Narrativa de enigma

O pé do diabo

[...]

Foi na primavera do ano de 1897 que a férrea constituição de Holmes começou a dar alguns sinais de fraqueza diante do trabalho constante e duríssimo, e essa indisposição era talvez agravada por excessos ocasionais em sua vida privada. Em março daquele ano, o dr. Moore Agar, da Harley Street, cuja dramática apresentação a Holmes eu talvez ainda venha a narrar, declarou de modo peremptório que o famoso detetive particular devia abandonar toda e qualquer atividade e entregar-se ao mais completo repouso, se quisesse evitar um irreparável esgotamento nervoso. O estado de sua saúde não era assunto que pudesse despertar em Holmes o mínimo interesse, pois seu desprendimento moral era absoluto, mas resignou-se por fim, em face da ameaça de ficar definitivamente impossibilitado de trabalhar, a uma completa mudança de atmosfera e ambiente. Assim, no início da primavera daquele ano, estávamos reunidos numa pequena casa de campo nas proximidades da baía Poldhu, no limite extremo da península da Cornualha.

Tratava-se de um lugarejo singular, muito propício ao temperamento sombrio de meu paciente. Das janelas de nossa pequenina casa caiada de branco, situada no alto de um arborizado promontório, dominávamos com o olhar todo o sinistro semicírculo da baía Mount, antiga armadilha mortal para todos os veleiros, com sua orla de penhascos negros e recifes traiçoeiros, sobre os quais inúmeros navegadores tinham

135

encontrado uma morte trágica. Graças à brisa setentrional que ali sopra, a baía parece plácida e abrigada, convidando o pequeno barco acossado pelas tempestades a procurar repouso e proteção. Súbito, muda o vento. Sopram violentas as lufadas do sudoeste, a âncora é arrastada, a praia surge a sotavento e finalmente trava-se a suprema batalha com os rochedos espumantes. O marinheiro velho e experimentado evita aproximar-se desse lugar maldito.

[...] O fascínio e o mistério desse lugar, com sua atmosfera sinistra de nações desaparecidas, exercem influência sobre a imaginação de meu amigo, e ele passava grande parte do tempo em longos passeios e solitárias meditações pelos campos áridos [...], quando, de repente, para minha tristeza e sua indisfarçada delícia, nos vimos envolvidos, naquela terra de sonhos, num problema mais emocionante, mais atraente e infinitamente mais misterioso do que os que nos tinham obrigado a abandonar Londres. Nossa existência simples, tranquila, nossa saudável rotina foram violentamente interrompidas, e vimo-nos precipitados no meio de uma sequência de acontecimentos que suscitaram a máxima emoção, não só na Cornualha como em toda a região ocidental da Inglaterra. Muitos de meus leitores talvez se lembrem do que veio a ser chamado na ocasião "O horrível mistério da Cornualha", se bem que à imprensa londrina tivesse chegado uma narrativa demasiado incompleta dos fatos. Agora, decorridos treze anos, darei a público os pormenores reais desse inconcebível acontecimento.

Os campanários esparsos assinalavam as aldeias existentes nessa região da Cornualha. A mais próxima delas era o pequeno povoado de Tredannick Wollas, onde as moradias de cerca de duas centenas de habitantes se aglomeravam em torno de uma vetusta igreja coberta de musgo. O vigário da paróquia, o reverendo Roundhay, era uma espécie de arqueólogo e, como tal, Holmes estabelecera relações com ele. Homem de meia-idade, majestoso e afável, era dotado de uma notável bagagem de erudição quanto a fatos locais. A seu convite, fôramos tomar chá na sede da paróquia, e lá conhecemos também o sr. Mortimer Tregennis, cavalheiro independente, que ajudava o vigário a aumentar seus parcos recursos, hospedando-se em sua casa vasta e desordenada. O vigário, sendo solteiro, sentia-se feliz com esse arranjo, apesar de haver muito pouco em comum entre ele e seu pensionista, homem alto, moreno, de óculos, e cujo andar curvado sugeria uma verdadeira deformidade física. Recordo-me de que, durante nossa curta visita, notamos que o vigário estava muito loquaz, ao passo que seu pensionista se mostrava estranhamente taciturno, com um aspecto triste e pensativo, e deixou-se ficar quase sempre sentado, evitando nossos olhares, aparentemente preocupado com seus próprios problemas.

Eis que os dois homens irromperam abruptamente em nossa pequena sala de estar, na terça-feira, 16 de março, pouco depois de termos terminado a nossa primeira refeição, enquanto fumávamos um cigarro antes do passeio cotidiano pelos arredores.

– Sr. Holmes – disse com voz agitada o vigário –, ocorreu durante a noite o fato mais trágico e extraordinário do mundo. É verdadeiramente incrível, e podemos considerar sua presença aqui, neste momento, como dom especial da Providência, pois, em toda a Inglaterra, o senhor é justamente o homem de que necessitamos.

Encarei o importuno vigário com ar de poucos amigos; Holmes, porém, tirou o cachimbo da boca e endireitou-se na poltrona, como um velho cão de caça que ouve o soar das trompas dos caçadores. Com um gesto, indicou o sofá, onde nosso ansioso visitante e seu perturbado companheiro se sentaram, lado a lado. O sr. Mortimer Tregennis parecia mais calmo que o clérigo, mas o tremor de suas mãos finas e o brilho de seus olhos escuros demonstravam que sentia a mesma emoção.

– Falo eu ou o senhor? – perguntou ele ao pároco.

– Parece que o senhor fez a descoberta, seja ela qual for, e o vigário tomou conhecimento dela por seu intermédio, por isso talvez seja melhor o senhor falar – disse Holmes.

Lancei um olhar ao pároco, humildemente vestido, ao lado de seu pensionista, cuja indumentária era irrepreensível, e diverti-me com o ar de surpresa que a fácil dedução de Holmes lhes havia estampado nas faces.

– Talvez eu deva dizer algumas palavras primeiro – objetou o vigário –, e depois o senhor decidirá se deve ouvir o sr. Tregennis ou se devemos correr imediatamente ao local da misteriosa tragédia. Devo explicar-lhe que nosso amigo, aqui presente, passou a noite de ontem na companhia de seus dois irmãos, Owen e George, e de sua irmã, Brenda, na casa deles, em Tredannick Wartha, situada junto à velha cruz de pedra no meio da planície. Deixou-os, pouco depois das dez, jogando cartas ao redor da mesa da sala de jantar, com excelente saúde e bom estado de espírito.

"Hoje pela manhã, como de costume, levantou-se muito cedo, e antes do café saiu em passeio naquela direção, sendo alcançado pelo carro do dr. Richards, que o informou ter sido chamado com urgência a Tredannick Wartha. O sr. Mortimer Tregennis, como é óbvio, acompanhou-o. Ao chegar a Tredannick Wartha, deparou com um espetáculo inaudito. Os dois irmãos e a irmã estavam sentados à mesa, exatamente como os tinha deixado, com as cartas ainda espalhadas à sua frente e as velas gastas até o fim. A irmã jazia rígida, morta na cadeira, enquanto a seu lado os dois irmãos riam, gritavam e cantavam, completamente fora de si. Os três, a morta e os dois dementes, tinham estampada nas fisionomias a expressão do mais intenso horror, um esgar de pavor horrível. Não havia o menor sinal da presença de alguém na casa, à exceção da sra. Porter, a velha cozinheira e governanta, que declarou ter dormido a sono solto e nada ter ouvido durante a noite. Nada foi roubado ou remexido, e não há qualquer explicação do que poderia ter apavorado uma mulher a ponto de lhe causar a morte, e ter feito dois homens normais perderem completamente o juízo. Esta é, em resumo, a situação, sr. Holmes; se puder ajudar-nos a esclarecê-la, terá realizado uma grande obra."

Arthur Conan Doyle. *As últimas aventuras de Sherlock Holmes*.
São Paulo: Melhoramentos.

Por dentro do texto

1 Como você já sabe, quem narra as aventuras de Sherlock Holmes é seu fiel amigo, o dr. Watson, também personagem da história. Trata-se, portanto, de um narrador-personagem. Assinale o único trecho que não apresenta as marcas textuais que comprovam a existência de um narrador-personagem.

[ ] "Dois homens irromperam abruptamente em nossa pequena sala de estar, enquanto fumávamos um cigarro."

[ ] "Com um gesto, Holmes indicou o sofá, onde nosso ansioso visitante e seu perturbado companheiro se sentaram, lado a lado."

[ ] "Foi na primavera do ano de 1897 que Holmes começou a dar alguns sinais de fraqueza diante do trabalho constante e duríssimo."

[ ] "Porém, para minha tristeza, nos vimos envolvidos num problema mais emocionante, mais atraente e infinitamente mais misterioso do que os que nos tinham obrigado a abandonar Londres."

2 Por que Holmes saiu de Londres e foi morar em um vilarejo distante?

_____

_____

_____

3 Releia este trecho.

> "Porém, para minha tristeza, nos vimos envolvidos num problema mais emocionante, mais atraente e infinitamente mais misterioso do que os que nos tinham obrigado a abandonar Londres."

- Por que dr. Watson ficou aborrecido com o fato de se envolverem em um caso tão instigante?

_____

_____

_____

4 Qual é o mistério a ser desvendado nessa narrativa de enigma?

_____

_____

_____

Texto e construção

1 Observe este trecho descritivo do texto.

> "Tratava-se de um **lugarejo** singular. Das janelas de nossa pequenina **casa** caiada de branco, dominávamos com o olhar todo o sinistro **semicírculo da baía Mount**, antiga **armadilha** mortal para todos os veleiros, com sua orla de **penhascos** negros e **recifes** traiçoeiros, sobre os quais inúmeros navegadores tinham encontrado uma **morte** trágica."

- Escreva as palavras ou expressões utilizadas para caracterizar os seguintes elementos.

a) O lugarejo. – _____

b) A casa. – _____

c) O semicírculo da baía Mount. – _____

d) A armadilha. – _____

e) Os penhascos. – _____

f) Os recifes. – _____

g) A morte. – _____

2 A que classe gramatical pertencem as palavras que você transcreveu?
_____

3 Qual foi, na sua opinião, a intenção do autor ao usar esses adjetivos para caracterizar os substantivos destacados?
_____
_____

4 Crie um ambiente propício para uma história de suspense! Para isso, escreva um trecho descritivo selecionando com bastante cuidado os adjetivos que o caracterizarão.

Orientações

- Primeiro decida que ambiente é esse: uma sala de aula? Um corredor de hospital? Um quarto?
- Depois, imagine algumas características do local que poderiam torná-lo assustador: é escuro? Em desordem? Vazio? Abandonado? Qual é o cheiro do lugar?
- Que objetos tornariam a cena mais propícia para um crime? Compassos? Bisturis? Um troféu?

_____
_____
_____
_____

REFLEXÃO SOBRE O USO DA LÍNGUA

Sujeito e predicado

Vamos analisar alguns fatos do trecho de "O pé do diabo" que você leu.

- "O sr. Mortimer _____ acompanhou dr. Richards a Tredannick Wartha."

- "Os dois irmãos e a irmã do sr. Mortimer _____ estavam sentados à mesa, com as cartas ainda espalhadas à sua frente e as velas gastas até o fim."

- "A irmã _____ jazia rígida, morta na cadeira."

- "A morta e os dois dementes _____ tinham estampada nas fisionomias a expressão do mais intenso horror, um esgar de pavor horrível."

a) Releia cada uma das orações acima e circule os verbos.

b) Para cada um dos verbos que encontrou, localize a quem se refere a informação expressa por ele e complete a tabela a seguir.

SOBRE QUEM SE INFORMA ALGO	INFORMAÇÃO QUE SE EXPRESSA
Sr. Mortimer.	Acompanhou dr. Richards a Tredannick Wartha.

Importante saber

Para que tenha sentido, toda **frase** expressa uma informação dentro de uma situação comunicativa. Como vimos, uma **frase** pode ser composta de uma ou mais orações.

Vamos estudar as **frases** compostas por uma única oração, ou seja, formadas por meio de **um só verbo**. Essas orações geralmente apresentam:

- uma informação que se dá a respeito de alguém ou de algo → o **predicado**;

- alguém ou algo a quem o predicado se refere → o **sujeito**.

Nem todas as orações se encaixam nessa divisão gramatical, pois há casos em que a informação dada pelo predicado não se refere a nenhum sujeito. Observe.

Chovia torrencialmente naquela manhã.

Nesse caso, não há sujeito, pois não há um ser que realiza a ação de chover. Dizemos que se trata de uma **oração sem sujeito**.

Uma das mais importantes razões para distinguir o sujeito e o predicado numa oração é observar se a **concordância verbal** da oração está adequada, ou seja, se o verbo do predicado está flexionado adequadamente de acordo com o sujeito. Por exemplo:

A irmã / **jazia** morta à mesa.
sujeito   predicado

O verbo **jazia** está no singular porque concorda com o sujeito, que também está no singular.

Os dois irmãos e a irmã do sr. Mortimer / **estavam** sentados à mesa.
            sujeito   predicado

O verbo **estavam**, no plural, concorda com o sujeito, também no plural.

Aplicando conhecimentos

1 Leia o texto para responder às questões a seguir.

Conan Doyle e o detetive mais famoso da literatura

Arthur Conan Doyle nasceu em 1859, em Edimburgo, na Escócia, e morreu em 1930. Era médico e tornou-se também um historiador de renome. Em 1887, como não conseguia muito sucesso em sua clínica, o médico decidiu tentar a sorte escrevendo um romance policial. Surgiu então o detetive Sherlock Holmes, que, por meio da inteligência e do raciocínio, consegue esclarecer os crimes mais misteriosos.

De 1891 a 1927, Sherlock Holmes apareceu em dezenas de contos. Com isso, transformou-se num detetive extremamente popular e querido pelo público. Muitos leitores acreditavam na sua existência e escreviam-lhe cartas, pedindo-lhe para solucionar os mais variados casos.

Arthur Conan Doyle e outros. *Histórias de detetive*. São Paulo: Ática, 2005.

- Localize o sujeito das seguintes orações.

a) Arthur Conan Doyle nasceu em 1859, em Edimburgo, na Escócia.

b) Em 1887, o médico escreveu um romance policial.

c) Surgiu então o detetive Sherlock Holmes.

d) De 1891 a 1927, Sherlock Holmes apareceu em dezenas de contos.

e) Muitos leitores acreditavam na sua existência.

2 Nem sempre o sujeito aparece no início da oração. Copie as orações do exercício anterior que comprovam essa afirmativa.

_____
_____
_____

3 Como ficariam as frases que você escreveu na atividade anterior se elas começassem com o sujeito? Reescreva-as abaixo.

_____
_____
_____
_____

4 Como ficaria a oração "Muitos leitores acreditavam na sua existência." se o sujeito estivesse no singular? Comece assim: Apenas um leitor...

_____

5 Você leu uma biografia sobre Arthur Conan Doyle. Pesquise sobre os personagens e escritores a seguir e complete o predicado com informações relacionadas ao verbo em destaque. Em seguida, identifique o sujeito e o predicado de cada frase. Forme dupla com um colega para fazer essa atividade.

a) A célebre escritora Agatha Christie **foi** _____
_____

b) Entre os livros mais conhecidos de Maria José Dupré **estão** _____
_____

c) As narrativas de enigma do autor Marcos Rey **fizeram** _____
_____

d) O livro intitulado *O mistério do cinco estrelas* **foi escrito** _____
_____

e) Edgar Alan Poe **é** _____
_____

f) As personagens Sherlock Holmes e Watson **aparecem** _____
_____

6 Observe a tabela a seguir e, na seguinte, monte as orações juntando sujeito e predicado adequadamente.

Aquela história	não passavam de personagens fictícios.
Pedro e André	caminham juntas?
Justiça e verdade	de janeiro a julho, pesquisou sobre as histórias da sua família.
Ele	é de arrepiar!

SUJEITO	PREDICADO

7 Leia as orações e separe o sujeito do predicado.

- Um dia, eu desbravarei os mares da literatura.
- Ela e eu dissemos inverdades sobre Gabriela.
- O samba pede passagem.
- Quem disse isso?
- As tardes de domingo não são agradáveis.
- A minha melhor amiga fora Júlia.

SUJEITO	PREDICADO

PRÁTICA DE LEITURA

Texto 3 – Narrativa de terror

Você vai ler agora um gênero que muito se assemelha às narrativas de enigma: a narrativa de terror.

O gato preto

Não espero nem peço que se dê crédito à história sumamente extraordinária e, no entanto, bastante doméstica que vou narrar. Louco seria eu se esperasse tal coisa, tratando-se de um caso que os meus próprios sentidos se negam a aceitar. Não obstante, não estou louco e, com toda a certeza, não sonho. Mas amanhã posso morrer e, por isso, gostaria, hoje, de aliviar o meu espírito. [...]

Desde a infância, tornaram-se patentes a docilidade e o sentido humano de meu caráter. A ternura de meu coração era tão evidente, que me tomava alvo dos gracejos de meus companheiros. Gostava, especialmente, de animais, e meus pais me permitiam possuir grande variedade deles. [...]

Casei cedo, e tive a sorte de encontrar em minha mulher disposição semelhante à minha. Notando o meu amor pelos animais domésticos, não perdia a oportunidade de arranjar as espécies mais agradáveis de bichos. Tínhamos pássaros, peixes-dourados, um cão, coelhos, um macaquinho e um gato.

Este último era um animal extraordinariamente grande e belo, todo negro e de espantosa sagacidade. Ao referir-se à sua inteligência, minha mulher, que, no íntimo de seu coração, era um tanto supersticiosa, fazia frequentes alusões à antiga crença popular de que todos os gatos pretos são feiticeiras disfarçadas.[...]. Pluto – assim se chamava o gato – era o meu preferido, com o qual eu mais me distraía. [...]

Nossa amizade durou, desse modo, vários anos, durante os quais não só o meu caráter como o meu temperamento – enrubesço ao confessá-lo – sofreram, devido ao demônio da intemperança, uma modificação radical para pior.

Tornava-me, dia a dia, mais taciturno, mais irritadiço, mais indiferente aos sentimentos dos outros. Sofria ao empregar linguagem desabrida ao dirigir-me à minha mulher. No fim, cheguei mesmo a tratá-la com violência. Meus animais, certamente, sentiam a mudança operada em meu caráter. Não apenas não lhes dava atenção alguma, como, ainda, os maltratava. Quanto a Pluto, porém, ainda despertava em mim consideração suficiente que me impedia de maltratá-lo [...]. Meu mal, porém, ia tomando conta de mim – que outro mal pode se comparar ao álcool? – e, no fim, até Pluto, que começava agora a envelhecer e, por conseguinte, se tornara um tanto rabugento, até mesmo Pluto começou a sentir os efeitos de meu mau humor.

Certa noite, ao voltar a casa, muito embriagado, de uma de minhas andanças pela cidade, tive a impressão de que o gato evitava a minha presença. Apanhei-o, e ele, assustado ante a minha violência, me feriu a mão, levemente, com os dentes. Uma fúria demoníaca apoderou-se, instantaneamente, de mim. Já não sabia mais o que estava fazendo.[...] Tirei do bolso um canivete, abri-o, agarrei o pobre animal pela garganta e, friamente, arranquei de sua órbita um dos olhos! [...]

Entrementes, o gato se restabeleceu, lentamente. A órbita do olho perdido apresentava, é certo, um aspecto horrendo, mas não parecia mais sofrer qualquer dor. Passeava pela casa como de costume, mas, como bem se poderia esperar, fugia, tomado de extremo terror, à minha aproximação. Restava-me ainda o bastante de meu antigo coração para que, a princípio, sofresse com aquela evidente aversão por parte de um animal que, antes, me amara tanto. Mas esse sentimento logo se transformou em irritação. [...] Uma manhã, a sangue frio, meti-lhe um nó corredio em torno do pescoço e enforquei-o no galho de uma árvore. Fi-lo com os olhos cheios de lágrimas, com o coração transbordante do mais amargo remorso. Enforquei-o porque sabia que ele me amara, e porque reconhecia que não me dera motivo algum para que me voltasse contra ele. [...]

Na noite do dia em que foi cometida essa ação tão cruel, fui despertado pelo grito de "fogo!". As cortinas de minha cama estavam em chamas. Toda a casa ardia. Foi com grande dificuldade que minha mulher, uma criada e eu conseguimos escapar do incêndio. [...]

[...] No dia seguinte ao do incêndio, visitei as ruínas. As paredes, com exceção de uma apenas, tinham desmoronado. [...] Aproximei-me e vi, como se gravada em baixo-relevo sobre a superfície branca, a figura de um gato gigantesco. A imagem era de uma exatidão verdadeiramente maravilhosa. Havia uma corda em torno do pescoço do animal. [...]

Uma noite, em que me achava sentado, meio aturdido, num antro mais do que infame, tive a atenção despertada, subitamente, por um objeto negro que jazia no alto de um dos enormes barris, de genebra ou rum, que constituíam quase que o único mobiliário do recinto. Fazia já alguns minutos que olhava fixamente o alto do barril, e o que então me surpreendeu foi não ter visto antes o que havia sobre o mesmo. Aproximei-me e toquei-o com a mão. Era um gato preto, enorme – tão grande quanto Pluto – e que, sob todos os aspectos, salvo um, se assemelhava a ele. Pluto não tinha um único pelo branco em todo o corpo – e o bichano que ali estava possuía uma mancha larga e branca, embora de forma indefinida, a cobrir-lhe quase toda a região do peito. Ao acariciar-lhe o dorso, ergueu-se imediatamente, ronronando com força e esfregando-se em minha mão, como se a minha atenção lhe causasse prazer. [...]

Continuei a acariciá-lo e, quando me dispunha a voltar para casa, o animal demonstrou disposição de acompanhar-me. Permiti que o fizesse – detendo-me, de vez em quando, no caminho, para acariciá-lo. Ao chegar, sentiu-se imediatamente à vontade, como se pertencesse à casa, tornando-se, logo, um dos bichanos preferidos de minha mulher.

De minha parte, passei a sentir logo aversão por ele. Acontecia, pois, justamente o contrário do que eu esperava. Mas a verdade é que – não sei como nem por quê – seu evidente amor por mim me desgostava e aborrecia. Lentamente, tais sentimentos de desgosto e fastio se converteram no mais amargo ódio. Evitava o animal. [...]

Sem dúvida, o que aumentou o meu horror pelo animal foi a descoberta, na manhã do dia seguinte ao que o levei para casa, que, como Pluto, também havia sido privado de um dos olhos. [...]

Sob a pressão de tais tormentos, sucumbiu o pouco que restava em mim de bom. [...] Minha rabugice habitual se transformou em ódio por todas as coisas e por toda a humanidade – e enquanto eu, agora, me entregava cegamente a súbitos, frequentes e irreprimíveis acessos de cólera, minha mulher – pobre dela! – não se queixava nunca, convertendo-se na mais paciente e sofredora das vítimas.

Um dia, acompanhou-me, para ajudar-me numa das tarefas domésticas, até o porão do velho edifício em que nossa pobreza nos obrigava a morar, o gato seguiu-nos e, quase fazendo-me rolar escada abaixo, me exasperou a ponto de perder o juízo. Apanhando uma machadinha e esquecendo o terror pueril que até então contivera minha mão, dirigi ao animal um golpe que teria sido mortal, se atingisse o alvo. Mas minha mulher segurou-me o braço, detendo o golpe. Tomado, então, de fúria demoníaca, livrei o braço do obstáculo que o detinha e cravei-lhe a machadinha no cérebro. Minha mulher caiu morta instantaneamente, sem lançar um gemido.

Realizado o terrível assassínio, procurei, movido por súbita resolução, esconder o corpo.

Sabia que não poderia retirá-lo da casa, nem de dia nem de noite, sem correr o risco de ser visto pelos vizinhos. [...] Finalmente, tive uma ideia que me pareceu muito mais prática: resolvi emparedá-lo na adega, como faziam os monges da Idade Média com as suas vítimas. [...]

O passo seguinte foi procurar o animal que havia sido a causa de tão grande desgraça, pois resolvera, finalmente, matá-lo. Se, naquele momento, tivesse podido encontrá-lo, não haveria dúvida quanto à sua sorte: mas parece que o esperto animal se alarmara ante a violência de minha cólera, e procurava não aparecer diante de mim enquanto me encontrasse naquele estado de espírito. Impossível descrever ou imaginar o profundo e abençoado alívio que me causava a ausência de tão detestável felino. [...] Transcorreram o segundo e o terceiro dia – e o meu algoz não apareceu. Pude respirar, novamente, como homem livre. O monstro fugira para sempre de casa.

Foram feitas algumas investigações, mas respondi prontamente a todas as perguntas. Procedeu-se, também, a uma vistoria em minha casa, mas, naturalmente, nada podia ser descoberto. Eu considerava já como coisa certa a minha felicidade futura.

No quarto dia após o assassinato, uma caravana policial chegou, inesperadamente, a casa, e realizou, de novo, rigorosa investigação. Seguro, no entanto, de que ninguém descobriria jamais o lugar em que eu ocultara o cadáver, não experimentei a menor perturbação. [...]

– Senhores – disse, por fim, quando os policiais já subiam a escada – é para mim motivo de grande satisfação haver desfeito qualquer suspeita. Desejo a todos os senhores ótima saúde e um pouco mais de cortesia. Diga-se de passagem, senhores, que esta é uma casa muito bem construída... (Quase não sabia o que dizia, em meu insopitável desejo de falar com naturalidade.) Poderia, mesmo, dizer que é uma casa excelentemente construída. Estas paredes – os senhores já se vão? – , estas paredes são de grande solidez.

Nessa altura, movido por pura e frenética fanfarronada, bati com força, com a bengala que tinha na mão, justamente na parte da parede atrás da qual se achava o corpo da esposa de meu coração.

Que Deus me guarde e livre das garras de Satanás! Mal o eco das batidas mergulhou no silêncio, uma voz me respondeu do fundo da tumba, primeiro com um choro entrecortado e abafado, como os soluços de uma criança; depois, de repente, com um grito prolongado, estridente, contínuo, completamente anormal e inumano. Um uivo, um grito agudo, metade de horror, metade de triunfo, como somente poderia ter surgido do inferno, da garganta dos condenados, em sua agonia, e dos demônios exultantes com a sua condenação.

Quanto aos meus pensamentos, é loucura falar. Sentindo-me desfalecer, cambaleei até à parede oposta. Durante um instante, o grupo de policiais deteve-se na escada, imobilizado pelo terror. Decorrido um momento, doze braços vigorosos atacaram a parede, que caiu por terra. O cadáver, já em adiantado estado de decomposição, e coberto de sangue coagulado, apareceu, ereto, aos olhos dos presentes.

Sobre sua cabeça, com a boca vermelha dilatada e o único olho chamejante, achava-se pousado o animal odioso, cuja astúcia me levou ao assassínio e cuja voz reveladora me entregava ao carrasco.

Eu havia emparedado o monstro dentro da tumba!

Edgar Allan Poe. *Histórias Extraordinárias.* São Paulo: Martin Claret, 2000.

Por dentro do texto

1. O narrador-personagem anuncia que vai contar uma história "sumamente **extraordinária** e, no entanto, bastante **doméstica**". Que expectativa é criada no leitor devido ao uso desses dois adjetivos?

2 Releia o primeiro parágrafo e responda: por que razão ele decidiu tornar pública sua história?

3 A partir do segundo parágrafo, o narrador-personagem conta um pouco de sua infância e do início do seu casamento. Que mudança podemos perceber em sua personalidade no decorrer da história?

4 Por duas vezes, a personagem maltrata o gato preto. Assinale a alternativa correta: de que maneira esses relatos contribuem para o clima de tensão da narrativa?

[   ] Os trechos mostram a mudança do caráter do narrador e vão suavizando o caráter de terror do conto.

[   ] Os trechos mostram a mudança do caráter do narrador e acentuam o caráter de terror do conto.

5 O conto sugere que o gato encontrado pela personagem, numa de suas saídas à noite, "num antro mais do que infame", era o mesmo gato que havia sido enforcado. Que semelhanças entre ambos foram apontadas?

6 A quem, principalmente, o narrador atribui a culpa por sua mudança de caráter, incluindo o assassinato de sua esposa? Justifique com trechos do texto.

7 A que outro fator poderíamos atribuir a mudança de caráter do narrador? Justifique com um trecho do texto.

147

8 Assinale a alternativa que melhor justifica a presença do foco narrativo em primeira pessoa nesse conto.

[ ] O narrador-personagem tem conhecimento dos fatos e os narra com total isenção de envolvimento, deixando claro ao leitor sua culpa no crime que praticou.

[ ] O narrador-personagem, devido à sua aproximação com os fatos narrados, seleciona situações para convencer o leitor de que uma força sobrenatural o obrigou a praticar os atos de violência.

Texto e construção

1 Que recurso o narrador utiliza para tentar convencer o leitor de que a história de fato aconteceu?

___

2 De que maneira os substantivos e os adjetivos contribuem para criar um clima de terror e mistério? Cite exemplos retirados do texto.

___

3 Que diferenças poderíamos apontar entre uma narrativa de enigma e uma narrativa de terror?

___

Importante saber

Do mesmo modo que as narrativas de enigma, as narrativas de terror procuram envolver o leitor num clima de mistério e suspense. Para isso, fazem uso de substantivos e adjetivos que, descrevendo o cenário e as personagens, permitem que o leitor crie, em sua imaginação, o ambiente e as condições propícias para que algo aterrorizante aconteça.

Edgar Allan Poe, escritor norte-americano que viveu no século XIX, ficou famoso pelas suas histórias de raciocínio e dedução. Foi dele a primeira narrativa policial moderna – *Os crimes da rua Morgue*. Porém, como a morte e o medo sempre foram seus temas prediletos, especializou-se também em contos de terror.

DE OLHO NA ESCRITA

Usos da vírgula

1 Identifique nas frases a seguir o sujeito e seu predicado. Para facilitar sua tarefa, localize o verbo e observe a quem ele se refere.

a) "Os senhores já se vão?"
Sujeito: _____
Predicado: _____

b) "Estas paredes, senhores, são de grande solidez."
Sujeito: _____
Predicado: _____

2 Em relação à palavra **senhores**, perceba que ela exerce funções diferentes dentro da oração. Na oração **b**, ela vem separada por vírgulas, pois não faz parte nem do sujeito nem do predicado. Que função esse termo está exercendo nessa oração?

_____
_____
_____

Importante saber

Apesar de associarmos a ideia de que a vírgula é a representação gráfica de uma pausa na fala, de acordo com as normas gramaticais, **não se separa o sujeito de seu predicado com vírgula**.

Vejamos alguns casos em que se aplica o uso da vírgula, quando a frase possui apenas uma oração.

- Para separar termos que exercem a mesma função dentro da oração. Exemplo:
... uma voz me respondeu do fundo da tumba com um grito prolongado, estridente, contínuo, completamente anormal **e** inumano.
Nesse caso, o último termo é acompanhado da partícula **e** e dispensa o uso da vírgula.

- Para separar o lugar da data em cabeçalhos. Exemplo:
São Paulo, 27 de fevereiro de 2006.

- Para separar expressões corretivas ou explicativas, como: isto é, ou seja, ou melhor, por exemplo, quer dizer. Exemplo:
Espera-se que eles voltem logo, **ou melhor,** o mais breve possível.

- Para separar o termo que interpela o ouvinte/leitor. Exemplo:
Meu caro amigo, preste atenção ao que lhe digo.

- Para separar termos deslocados na oração. Exemplo:
Eles não se encontraram **naquela noite**.
Naquela noite, eles não se encontraram.

Observe que, quando o termo **naquela noite** aparece no início da oração, vem separado por vírgula.

3 Marque os casos em que a vírgula foi utilizada para separar termos deslocados na oração.

[ ] "Desde a infância, tornaram-se patentes a docilidade e o sentido humano de meu caráter."

[ ] "Sobre sua cabeça, com a boca vermelha dilatada e o único olho chamejante, achava-se pousado o animal odioso [...]."

[ ] "Tínhamos pássaros, peixes-dourados, um cão, coelhos, um macaquinho e um gato [...]."

[ ] "Durante um instante, o grupo de policiais deteve-se na escada, imobilizado pelo terror."

4 Em apenas uma das frases do exercício anterior a vírgula é usada por outra razão. Qual é a frase? Justifique o emprego da vírgula nesse caso.

_____
_____
_____

PRODUÇÃO DE TEXTO

Neste capítulo você leu narrativas de enigma e de terror. Com as produções de texto que você e seus colegas vão realizar agora, sua turma vai montar uma mostra de histórias de terror adaptadas para outro gênero que você já estudou: a história em quadrinhos.

Para produzi-la, forme uma dupla, escolha uma das sugestões abaixo e, depois de terminar o trabalho, organize a mostra seguindo as orientações dadas.

Primeira sugestão

Criem uma história em quadrinhos com base na leitura do texto "O gato preto", de Edgar Allan Poe.

Segunda sugestão

Leiam contos de terror e separem alguns que poderiam adaptar. Escolham um conto de terror de que tenham gostado bastante para criar a HQ.

Lembrem-se de que, para escrever o texto e criar as imagens, é importante considerar o público que vocês desejam atingir. Nesse caso, considerem que a exposição tem como leitor o público adolescente.

PLANEJE SEU TEXTO

Respondam a cada um dos itens do quadro como modo de planejamento. Ampliem o número de itens, se for preciso. Verifiquem se cumpriram o planejado na hora de avaliarem o texto.

PARA ESCREVER A HISTÓRIA EM QUADRINHOS	
1. Qual é o público leitor do texto?	
2. Que linguagem vamos empregar?	
3. Qual é a estrutura que o texto vai ter?	
4. Onde o texto vai circular?	

ORIENTAÇÕES PARA A PRODUÇÃO

1. Elaborem um roteiro com anotações sobre as partes importantes que compõem a sequência narrativa. Procurem eleger aquelas que garantem a completude da história e o que consideraram ser mais importante para contá-la.
2. De posse dessas partes que comporão a sequência, façam um esboço da história, de acordo com o roteiro aprovado e revisado pelo grupo.
3. O esboço deve ser feito quadro a quadro. Ao realizá-lo, vocês já podem ir pensando em esboçar também algumas ideias para as falas das personagens em alguns quadrinhos e a inclusão de onomatopeias e interjeições que garantam à história em quadrinhos efeitos de terror e suspense, entre outros.
4. Façam a revisão ortográfica do texto antes de passá-lo a limpo nas páginas definitivas.
5. Um dos componentes do grupo deve fazer a diagramação das páginas e os desenhos, de acordo com o esboço aprovado. O integrante do grupo que não for desenhar poderá escrever o texto nos balões de fala ou pensamento, incluindo todos os outros elementos verbais que vão compor os quadrinhos.
6. Lembrem-se de que a organização dos quadrinhos deve permitir uma leitura fluente, portanto, não deixem que o leitor fique na dúvida sobre qual quadrinho completa o sentido do anterior.

AVALIAÇÃO E REESCRITA

Após a produção, verifiquem se:

- Fizeram a revisão do texto após a arte-final? Observem se restou algo a ser alterado: ortografia, pontuação. Principalmente, verifiquem a coerência e a coesão do texto.
- As linguagens verbal e não verbal estão entrosadas? Lembrem-se de que, em uma história em quadrinhos, uma completa o sentido da outra.
- A organização dos quadrinhos permite uma leitura fluente do leitor sem que ele fique na dúvida sobre qual quadrinho completa o sentido do anterior?
- Houve uma preocupação com o público-alvo?
- Houve uma preocupação com a qualidade da arte-final do trabalho?

Agora, mãos à obra! Com o professor e os outros grupos de colegas, organizem a exposição para os alunos de sua escola!

LEIA MAIS

Conheça mais narrativas de enigma e filmes baseados nos livros com essas histórias. Faça o seguinte: procure livros com narrativas de enigma e mistério na biblioteca. Leia a quarta capa dessas obras e escolha alguns para ler. Anote também o título dos livros que não foram escolhidos imediatamente e o nome de seu(s) autor(es). Para conhecer um pouco sobre o conteúdo dessas obras, pesquise resenhas delas na internet. Por fim, faça uma pesquisa para descobrir qual dessas histórias foi parar no cinema. Anote o resultado da pesquisa e leve para a sala de aula. Converse com a turma e descubra qual foi o resultado da pesquisa dos colegas. Com a ajuda do professor, escolham um dos filmes para assistir, depois de terem feito a leitura do livro ou da resenha da obra impressa.

PREPARANDO-SE PARA O PRÓXIMO CAPÍTULO

O que você sabe sobre trabalho infantil? O tema lhe é familiar? Pois, acredite, esta realidade está muito mais próxima de nós do que você imagina.

Procure saber com seus pais e sua comunidade se há registros desse tipo de problema na região em que você mora. Traga essas informações para discutir com sua turma no decorrer do próximo capítulo.

Campanha Verdades Infantis. Fundação Abrinq. Disponível em: <http://www.fundabrinq.org.br/Dotnetnuke/LinkClick.aspx?fileticket=ecvdarITLSo%3d&tabid=195>. Acesso em: 16 fev. 2012.

Capítulo 2

LER PARA INFORMAR-SE

PRÁTICA DE LEITURA

Texto 1 – Fotografias

1. Observe a foto a seguir e converse com sua turma sobre as próximas questões.

Foto 1

Revista *Época*, 10 jun. 2011. Disponível em: <http://revistaepoca.globo.com/Revista/Epoca/0,,EMI240502-15228,00.html.> Acesso em: 16 fev. 2012.

a) Onde você imagina que esteja a criança da foto? O que ela está fazendo?

___

___

153

b) Como você imagina que essa criança se sente nesse lugar?

_____

_____

c) Você conhece outros casos de crianças que precisam trabalhar? Conte para sua turma.

_____

_____

2 Observe as fotos 2 e 3 para responder às questões.

Foto 2

Menina menor de 10 anos vende roupas em feira de Manaus. *Folha de S.Paulo*, 28 dez. 2011.

Foto 3

Menino trabalha vendendo balas em sinal de trânsito no Rio de Janeiro. *Folha de S.Paulo*, 16 fev. 2012.

154

a) Que fatos foram registrados pela câmera fotográfica em cada uma das fotos?
___
___

b) Como você imagina que é o dia a dia das crianças retratadas em cada uma das imagens?
___
___
___

c) Provavelmente, qual das duas crianças está se colocando em uma situação mais arriscada? Por quê?
___
___
___

d) Geralmente as notícias vêm acompanhadas por fotografias com legendas. Por que você acha que isso acontece?
___
___
___

3) Observe estas outras fotografias retiradas de primeiras páginas de um jornal. Elas foram separadas das manchetes e legendas que as acompanham.

Foto 4

Arestides Baptista/Folhapress

Folha de S.Paulo, 4 fev. 2012.

155

Foto 5

Folha de S.Paulo, 26 jan. 2012.

Foto 6

Folha de S.Paulo, 5 jan. 2012.

- Relacione cada foto com uma das manchetes seguintes.

a) Três prédios desabam no Rio _____

b) PM promete fim do tráfico em 30 dias na cracolândia _____

c) Com greve da PM, Salvador tem onda de mortes e saques _____

- Agora, relacione as fotos às legendas que seguem.

a) Moradores retirados da área da cracolândia ocupam praça Júlio Prestes; região estava vazia _____

b) Pessoas são retiradas de área onde prédios desabaram, no Rio _____

c) Loja de eletrodomésticos que foi saqueada, no bairro Sete Portas, em Salvador (BA) _____

Importante saber

Em jornais e revistas, os textos que acompanham as fotos são chamados legenda. Leia o que explica o *Novo manual de redação*, da *Folha de S.Paulo*.

"A legenda não é colocada sob a foto apenas para descrevê-la, embora não possa deixar de cumprir essa função. Por ser um dos primeiros elementos da página que atrai o leitor, merece tanto cuidado quanto os títulos. Deve ser atraente e conquistar a atenção.

A boa legenda também esclarece qualquer dúvida que a foto possa suscitar. [...] Não deve simplesmente descrever aquilo que qualquer leitor pode ver por si só.

A legenda fotográfica deve atender à curiosidade do leitor, que deseja saber o que ou quem aparece na foto, o que está fazendo, onde está. Sempre que for cabível, deve usar verbo no presente (o presente do momento em que a foto foi tirada)."

4 As legendas usadas no exercício 3 esclarecem as imagens correspondentes a elas? Explique.

_____
_____
_____
_____
_____

5 Observe agora a **primeira foto** da primeira página de um jornal.

Na lateral do campo do Figueirense, Chicão e Alex, do Corinthians, veem os minutos finais da vitória de 2 a 1 do Vasco sobre o Fluminense.

Folha de S.Paulo, 28 nov. 2011.

157

a) Copie o título a que se liga essa foto.
_____
_____

b) Que relação existe entre a foto e a legenda que a acompanha?
_____
_____

c) No **Importante saber** você leu a definição de legenda dada pelo *Novo manual de redação da Folha de S.Paulo*. Que características da legenda dessa primeira foto estão em conformidade com a definição dada?
_____
_____

Texto 2 – Primeira página de jornal

Observe o conteúdo da página e leia o texto destacado no quadro abaixo.

Saco plástico é uma das alternativas para as lojas, que terão de oferecer embalagens para as compras sem cobrar nada.

Jornal da Tarde, 4 fev. 2012.

Texto e construção

1 Identifique na página os seguintes elementos.

a) O título da notícia que apresenta maior destaque na página.
_____

b) O assunto retratado nas fotos com maior destaque.
_____

2 Qual é o objetivo da primeira página de jornal?
_____

3 O título "Sacolinhas de plástico voltam por dois meses" é seguido por um breve texto chamado **lide**. Leia-o e explique que função esse texto tem.
_____
_____

> **Importante saber**
>
> O texto que você acabou de ler é chamado **lide**. O **lide** é a abertura da notícia. Consiste num pequeno texto que apresenta o essencial da notícia ou reportagem: o assunto, quem estava envolvido, onde, quando e por que aconteceu.
>
> Ele tem a função de provocar o interesse do leitor; é uma espécie de convite para que ele leia o texto completo. Por isso, depois do **lide** costuma vir a indicação da página da notícia ou reportagem.

4 Observe agora outra primeira página de jornal para responder às próximas questões.

a) Em sua opinião, o que mais chama a atenção nessa primeira página são os textos ou as imagens? Por quê?
_____
_____

b) Qual assunto recebeu maior destaque nessa edição do jornal? Explique como você chegou a essa conclusão.
_____
_____

c) Qual a intenção do jornal ao usar letras maiores em alguns títulos?
_____

159

d) Compare a primeira página da *Folha de S.Paulo* com a do *Jornal da Tarde*. Em qual delas a foto se relaciona ao título de maior destaque?

> **Importante saber**
>
> Damos o nome de **manchete** ao título de maior destaque numa página de jornal.
>
> A **manchete** da primeira página do jornal *Folha de S.Paulo* encontra-se no meio da página, mas está escrita em letras maiores do que os outros títulos de notícia.

5 Leia os títulos de todas as notícias da primeira página da *Folha de S.Paulo* e responda.

a) Que tempo verbal foi empregado nas manchetes?

b) Qual é a intenção do jornal ao empregá-lo?

PRÁTICA DE LEITURA

Texto 3 – Notícia

MPT lança campanha de combate ao trabalho infantil nas praias durante o período do verão

"Paraíba feliz é Paraíba sem trabalho infantil." Esse é um *slogan* de uma campanha do Ministério Público do Trabalho contra o trabalho infantil, que vai ser veiculada através das emissoras de televisão, inclusive pela TV Arapuan, com a transmissão de uma peça publicitária de 30 segundos.

A estimativa do MPT é que no Estado cerca de 105 mil crianças trabalhem e de acordo com o procurador do trabalho, Eduardo Varandas, a campanha vai ser veiculada durante todo o período do verão, direcionada aos municípios onde o movimento na orla marítima é mais acentuado.

O procurador revelou que o problema já foi constatado em João Pessoa e Cabedelo, onde crianças estão trabalhando vendendo alimentos, CDs, DVDs e outros produtos, no que ele classificou de trabalho a céu aberto, que "é insalubre e não pode ser exercido por menores de 18 anos".

Ele contou que o Ministério constatou o fato nas Praias do Jacaré e em Camboinha e nas praias da orla marítima de João Pessoa. No caso de Cabedelo, ele informou que o MPT enviou uma notificação à Prefeitura de Cabedelo, dando um prazo de dez dias para eles apresentarem um programa com políticas públicas para evitar e combater o trabalho infantil.

Jonas Batista. *Paraiba.com.br*, 24 jan. 2012. Disponível em: <http://www.paraiba.com.br/2012/01/24/74697-mpt-lanca-campanha-de-combate-ao-trabalho-infantil-nas-praias-durante-o-periodo-do-verao-veja-video>. Acesso em: 16 fev. 2012.

Por dentro do texto

1. Observe atentamente o texto, as indicações de fonte e responda: de onde essa notícia foi retirada?

_____
_____

2. Identifique na notícia os elementos que aparecem na manchete.
   a) Quem?

   _____

   b) O quê?

   _____

   c) Quando?

   _____

   d) Onde?

   _____

3. De acordo com as informações do texto, conclua: por que a campanha do Ministério Público do Trabalho foi realizada?

_____
_____

4. De acordo com o MPT, a campanha será direcionada a municípios onde o movimento da orla marítima é mais acentuado. Por que a campanha será veiculada no verão?

_____

5. O ministério constatou a existência de trabalho infantil nas praias do Jacaré e em Camboinha e enviou uma notificação à Prefeitura de Cabedelo. Essa notificação pode ser considerada como uma iniciativa para resolver o problema do trabalho infantil?

_____
_____

6 Crie um lide para a notícia que você acabou de ler. Lembre-se de que o lide precisa chamar a atenção do leitor para ler a notícia.

_____

_____

_____

7 Observe estes dois suportes de texto.

Diário do Pará, 12 abr. 2012.

Jornal do Brasil on-line, 4 abr. 2012.

a) Em qual deles é possível virar as páginas em sequência? _____

b) Qual permite abrir várias páginas ao mesmo tempo? _____

c) Em qual deles o leitor acessa a notícia clicando no lide? _____

d) Em qual suporte o leitor encontra a notícia pela indicação do número da página indicada no lide? _____

162

> **Importante saber**
>
> **Notícia** é o registro de um ou mais fatos. Para produzi-la na modalidade escrita, o jornalista pesquisa, apura os fatos e a escreve, selecionando aquilo que considera essencial.
>
> Um texto do gênero notícia costuma responder às perguntas básicas: O que ou quem? Onde? Quando? Como? Por quê?

Texto 4 – Reportagem

O texto a seguir foi publicado em uma revista. Leia-o junto com o professor e os colegas.

Bullying e *cyber-bullying*: como não sofrer com isso

Você já deve ter visto um amigo virando a piada da turma e, sem perceber, deu risada da situação. Achar graça da piada de alguém faz essa pessoa ganhar fama de engraçado, certo? O problema é quando o alvo da piada não gosta nadinha dessa situação e, por timidez ou medo, fica isolado e quieto. Nesse caso, a brincadeira perde a graça e a piada vira *bullying*. E você, que deu risada, acaba se transformando em plateia de algo muito desnecessário.

Valentão sem noção

O *bullying*, que vem do termo inglês *bully* e significa brigão, é sempre praticado por alguém que precisa se mostrar forte pra todo mundo. Só que, na cabeça desse garoto ou dessa menina, o jeito mais fácil de parecer superior é humilhando e ofendendo os mais tímidos e que não têm coragem de revidar os ataques.

Tem como evitar? Se você é super na sua e jamais teria coragem de revidar o *bullying*, procure não se isolar no colégio. Existe sempre uma galera que tem mais a ver com você e que a curte do jeitinho que é. Fique perto deles.

Tem como acabar com isso? Por mais que você sinta vergonha e medo de reclamar, o seu silêncio só piora a situação. Fale com seus pais, com um professor ou mesmo com o diretor. Coloque na sua cabeça que ninguém no mundo tem o direito de a pôr pra baixo. O ato de sofrer *bullying* pode piorar seu desempenho nos estudos e deixar a vida meio cinza. Pense bem.

"Uma menina da minha sala não era muito bonita e sempre ficava quieta. O pessoal apelidou ela de Fiona e sempre a zoavam. Até que um dia, no recreio, deram um tapa no rosto dela. Mas aí eu e minhas amigas fomos ajudá-la. Mesmo assim, até hoje essa menina se isola. Ela mal abre a boca..."
Luana, Contagem, MG

Saia da plateia

É mais fácil rir quando você vê alguém chamando uma colega de um apelido muito feio do que tomar partido e defendê-la, não é? Mas pare pra pensar: e se você estivesse no lugar dessa amiga que vive de cabeça baixa? Por isso, vale a pena olhar feio pra a valentona que pratica o esporte de humilhar quem é mais quietinha.

Quando o *bullying* é praticado por uma amiga sua: provavelmente sua turma toda percebe que o que essa garota faz é errado. Então, que tal criar coragem e dar um toque nela? Diga que pôr os outros pra baixo não é nem nunca vai ser algo bacana. E não tenha medo. "Tornar-se cúmplice fortalece o agressor", explica a psicóloga Maria Tereza Maldonado.

Quando o *bullying* é praticado contra uma amiga sua: incentive a garota a procurar ajuda de algum responsável (tanto no colégio quanto em casa). Se você ver que ela tem vergonha de fazer isso, converse você mesma com um professor, o que não pode é deixar pra lá. "É desse silêncio que se valem os agressores, por isso, nada de ficar quietinha", aconselha a psicóloga Maria Irene Maluf.

"Os meninos da minha sala adoram zoar um garoto do 2º ano. Até comida já esfregaram no rosto dele. O pior é que a direção do colégio não faz nada em relação a isso. E, que eu saiba, ninguém foi avisar a direção."
Caroline, Carapicuíba, SP

O problema de virar o jogo

Em alguns casos, depois de superar a zoação e supostamente dar a volta por cima no *bullying*, é comum a agredida tentar se fortalecer "brincando" com alguém que tenha o mesmo perfil que ela: quietinha e megatímida. Mas fazer isso é a maior prova de que o problema ainda não foi superado. Fazer um exame de consciência é sempre a melhor

163

maneira de lidar com esse assunto. Descontar sua mágoa nos outros nunca vai resolver nada.

"Sempre fui a mais alta da sala e me colocavam muitos apelidos, o pessoal também fazia umas comparações que eu não gostava. Pedia pra pararem, mas nada... Até que um dia eu parei de ligar. Agora, também coloco apelidos."
Adriana, Belo Horizonte, MG

As diferenças...

Bullying de menina: elas preferem espalhar fofocas do mal e isolar a vítima da turma.

Bullying de menino: eles são mais explícitos e podem até partir para a agressão física.

Cyber-crime

Ter seu *Orkut, Facebook, Twitter* e cia. zoados não é nenhuma novidade hoje em dia. Afinal, a pessoa sem noção que faz isso acredita que nunca vai ser descoberta. Aí é que mora o engano... O que muita gente "valentona" não sabe é que dá, sim, pra descobrir quem fez a agressão rastreando o computador. "A vítima pode imprimir o material ofensivo e denunciar o agressor nas delegacias especializadas em crimes de informática. Um perito pode perfeitamente descobrir a identidade do agressor, mesmo que ele se disfarce com um contato falso", explica Maria Tereza Maldonado.

Pra evitar o cyber-bullying...

• Não aceite amigos dos quais você nunca ouviu falar em nenhum *site* de relacionamento e bloqueie suas fotos no *Orkut*, assim só quem é seu amigo terá acesso a elas, ok?

• Use a webcam só com seus *BFFs*.

• Evite postar fotos suas de biquíni, principalmente se estiver sozinha. Esse tipo de foto é um prato cheio para que os desocupados de plantão façam montagens.

• Quando usar um computador que não é seu, não deixe nenhuma senha registrada.

Mariana Scherma. *Todateen*, 31 maio 2010. Disponível em: <http://todateen.uol.com.br/diversao/442/materia/bullying-e-cyber-bullying-como-nao-sofrer-com-isso.html>. Acesso em: 16 fev. 2012.

Por dentro do texto

1. Uma reportagem ou matéria jornalística deve ser importante para o público a que se destina, envolvendo-o, informando-o e, muitas vezes, convencendo-o de algo. Para isso, apresenta exemplos ou depoimentos que deem credibilidade ao que é informado.

   a) A linguagem utilizada na reportagem lida está destinada a qual público-alvo? Justifique sua resposta.

   b) Em alguns momentos do texto, o autor usa um pronome de tratamento que mostra uma aproximação com o leitor e revela informalidade. Qual é?

   c) De modo geral, essa reportagem tenta convencer o leitor de quê?

   d) A autora cita o depoimento de uma psicóloga. Com que intenção o discurso dela foi usado?

2. Segundo o texto, por que, na verdade, uma pessoa pratica *bullying*?

3. Em uma reportagem, é muito comum haver entretítulos, ou seja, títulos que separam as informações e ajudam o leitor a organizar sua leitura. Qual a principal informação abordada no entretítulo "Saia da plateia"?

_____
_____

4. Releia o texto que acompanha o entretítulo "O problema de virar o jogo". Em seguida, responda:

a) Por que uma vítima também pode se tornar um agressor?

_____

b) Qual é o conselho apresentado nesse trecho do texto?

_____
_____

5. A escolha dos termos na construção de um texto, muitas vezes, expressam opiniões.

a) Copie do texto os termos que a jornalista usou para se referir ao praticante do *bullying* ao longo do texto. Em seguida, identifique o que essas expressões revelam sobre a opinião da autora em relação aos que praticam *bullying*.

_____
_____

b) Agora observe alguns termos usados para fazer referência às vítimas: "mais tímidos", "que vivem de cabeça baixa", "quietinha", "megatímida". Essas palavras ou expressões direcionam o texto para um grupo específico de vítimas. Qual?

_____

6. O que é um *cyber*-crime?

_____

7. Imagine que você fosse "plateia" em uma cena de *bullying*. Qual seria sua reação?

_____
_____

8. Quais as melhores maneiras de evitar o *cyber-bullying*? Por quê?

_____
_____
_____

> **Importante saber**
>
> **Reportagem** é o relato de um acontecimento importante, feito pelo jornalista que tenha estado no local em que o fato ocorreu ou tenha apurado as informações relativas a ele. O repórter deve se informar sobre o assunto para escrever sobre o fato do modo mais exato possível. Para isso, deve ouvir diversas pessoas com diferentes pontos de vista sobre o fato, registrar detalhes do ambiente e das personagens.
>
> Uma **reportagem especial** requer extenso e minucioso levantamento de informações. Pode aprofundar um fato recém-noticiado ou revelar um fato inédito com ampla documentação e riqueza de detalhes.
>
> A apresentação da reportagem pode ocorrer de maneira mais livre e apresenta mais elementos do que a notícia.

REFLEXÃO SOBRE O USO DA LÍNGUA

Tipos de sujeito

1 Observe esta frase:

"A vítima de *bullying* sente-se humilhada."

a) Identifique o sujeito e o predicado da oração.

_____
_____

b) Qual a palavra principal do sujeito, isto é, aquela que possui a ideia central e, portanto, não pode ser retirada?

_____
_____

2 Observe agora mais uma frase.

"*Orkut*, *Facebook*, *Twitter* e cia. não deveriam ser usados para agredir."

a) Transcreva o sujeito.

_____

b) Transcreva o predicado.

_____

c) Alguma das palavras usadas no sujeito poderia ser dispensada? Por quê?

166

Importante saber

Na frase do exercício 1, a palavra **vítima** corresponde à essência do sujeito; é a palavra mais importante dele. Chamamos esse termo de **núcleo do sujeito**.

Na frase 2, há três termos importantes dentro do sujeito, que são: *Orkut, Facebook* e *Twitter* e cia. Nenhuma dessas quatro palavras pode ser dispensada; portanto, o sujeito possui quatro núcleos.

Chamamos de **sujeito simples** aquele que apresenta apenas **um núcleo** e de **sujeito composto** o que apresenta **dois ou mais núcleos**.

3) Releia dois trechos de depoimentos usados na reportagem.

Trecho 1: "Os meninos da minha sala adoram zoar um garoto do 1º ano. Até comida já **esfregaram** no rosto dele."

Trecho 2: "Sempre **fui** a mais alta da sala e me colocavam muitos apelidos, o pessoal também fazia umas comparações que eu não gostava. **Pedia** pra pararem, mas nada... Até que um dia eu parei de ligar. Agora, também **coloco** apelidos."

a) A quem se referem os verbos destacados em cada um dos trechos?

b) O sujeito desses verbos não está explícito no texto. Como é possível identificá-lo?

c) Se substituíssemos a forma verbal "esfregaram" por "esfregamos" que pronome estaria implícito na desinência do verbo?

d) Por que deixar o sujeito desses verbos implícito é importante para a construção do texto?

Importante saber

Às vezes, o sujeito não aparece na oração, mas é possível identificá-lo pela terminação (desinência) do verbo ou por alguma informação do contexto que contribui para sua identificação. A esse tipo, dá-se o nome de **sujeito desinencial**.

4 Leia o poema a seguir, escrito por Roseana Murray.

> Precisa-se de uma bola de cristal
> que mostre um futuro grávido de paz:
> que a paz brilhe no escuro
> com o brilho especial que algumas
> palavras possuem
> mas que seja mais do que palavra,
> mais do que promessa:
> seja como a chuva que sacia a sede da terra.
>
> Roseana Murray. *Classificados poéticos*. Belo Horizonte: Miguilim, 2002.

a) Que modo verbal predomina no poema? O que ele indica a respeito dos acontecimentos mencionados pelo eu poético?

b) Identifique nos versos a seguir a expressão metafórica e interprete-a.

> "Precisa-se de uma bola de cristal
> que mostre **um futuro grávido de paz**. "

c) Considere a expressão "precisa-se", empregada no início do poema.

- O sujeito está determinado na oração?

- O uso desse tipo de sujeito foi intencional?

- Que efeito de sentido esse uso provocou no poema?

d) Se no lugar da expressão "precisa-se" o poema apresentasse "eu preciso", o que mudaria no sentido do texto?

168

Importante saber

Às vezes, quem produz um texto, oral ou escrito, não tem a intenção de explicitar quem praticou determinada ação, como vimos no poema anterior. Outras vezes, essa determinação simplesmente não é relevante. Veja o anúncio.

No caso, a ênfase da mensagem está na necessidade de contratar alguém que tenha conhecimentos de informática, experiência nessa área. Esses requisitos são o mais importante nesse contexto, não sendo necessário explicitar o sujeito, isto é, dizer quem precisa contratar um analista.

PRECISA-SE DE ANALISTA DE SISTEMA

Também a expressão "precisa-se" não determina os autores da ação, ou seja, não há identificação desse sujeito no texto.

Veja outro exemplo.

Roubaram minha caneta.

No caso mencionado, a desinência do verbo indica que ele se refere ao pronome eles, mas esse pronome não se refere a pessoas identificadas anteriormente.

Quando isso acontece, classifica-se o sujeito como indeterminado.

O **sujeito indeterminado** é aquele que não pode ser identificado na oração nem pelo contexto.

Assim, no verso "Precisa-se de bola de cristal", temos um sujeito indeterminado, pois não foi possível identificá-lo no texto.

Aplicando conhecimentos

1 Releia a manchete da notícia:

> MPT lança campanha de combate ao trabalho infantil nas praias durante o período do verão

a) Identifique e classifique o sujeito dessa frase.

b) Considerando se tratar de uma frase jornalística, por que é importante o uso do sujeito simples e/ou do composto?

c) Lembre-se das perguntas a que a notícia costuma responder: O quê? Quem? Quando? Onde? Como? Por quê? Quais dessas perguntas têm sua resposta nessa manchete?

169

2 Observe a placa a seguir.

Placa: "Imobiliária Jonas Vende este Terreno Tel: 2220-0222"

a) Identifique o sujeito da frase.

_____

b) Nesse classificado, o sujeito da ação de vender está explicitado. Em sua opinião, qual foi a intenção ao explicitar o sujeito?

_____

_____

_____

3 Leia a propaganda a seguir e responda às questões.

Vamos driblar o trabalho infantil. Educação de qualidade é a melhor jogada para uma infância digna. Jogue limpo com as crianças e adolescentes. Dê um cartão vermelho ao trabalho infantil. Robinho foi voluntário nessa campanha.

12 de junho – Dia de Combate ao Trabalho Infantil

Unicef. Disponível em: <http://www.unicef.org/brazil/pt/media_18094.htm>. Acesso em: 16 fev. 2012.

a) Em que o assunto da propaganda se refere ao conteúdo da notícia lida neste capítulo?
_____

b) O que significa "dar um cartão vermelho para o trabalho infantil"?
_____
_____

c) Leia o *slogan* da propaganda:

> "12 de junho – Dia de combate ao trabalho infantil"

- Reescreva o *slogan* transformando-o em uma oração com sujeito e predicado.
_____

d) Identifique o tipo de sujeito presente na frase a seguir.

> Vamos driblar o trabalho infantil.

- Responda: o que esse tipo de sujeito tem a ver com o convite que a propaganda faz aos leitores?
_____
_____
_____

4 Identifique o sujeito e o predicado das orações a seguir. Identifique o tipo de sujeito presente nelas.

a) "Jogue limpo com as crianças e adolescentes."
_____

b) "Educação de qualidade é a melhor jogada [...]"
_____

c) "Dê um cartão vermelho ao trabalho infantil."
_____

d) "O Robinho não cobrou cachê para essa campanha."
_____

e) "Robinho e Unicef são parceiros nessa ideia."
_____

171

DE OLHO NA ESCRITA

SONS DO X

1 Observe a grafia das palavras destacadas a seguir.

> Geralmente, os autores de *bullying* procuram pessoas que tenham alguma característica que sirva de foco para suas agressões como, por exemplo, obesidade ou **baixa** estatura. Na verdade, essa característica é só um **pretexto** para que o agressor satisfaça sua necessidade de agredir e **deixe** de se sentir inferior por alguma razão.
>
> Vítimas de *bullying* deveriam trocar **experiências** sobre as agressões a que foram submetidas. Elas deveriam contar como lidaram com determinadas situações, avaliando se as ações foram benéficas ou maléficas. Ignorar o agressor é um ótimo começo para acabar com esse dilema.

O som do **x** nas palavras destacadas é o mesmo? _____

2 Agora observe as palavras do grupo 1 e 2.

Grupo 1
deixe   feixe   eixo   faixa   encaixe

Grupo 2
exame   experiências   pretexto   próximo   baixa   táxi

a) Copie do grupo 2 as palavras em que o **x** apresenta som diferente do som do **x** presente nas palavras do grupo 1.

_____
_____

b) Em que palavra(s) do grupo 2 o **x** tem o som semelhante ao som com que ele foi empregado nas palavras do grupo 1?

_____
_____

3 Que regra estudada você pode relembrar depois de observar o uso da letra **x** na escrita das palavras do grupo 1?

_____

4 Escreva três palavras em que a letra **x** seja usada para grafá-las, mas apresente um som diferente em cada uma delas.

5 Observe agora outro grupo de palavras e marque um **x** na resposta correta para as questões seguintes.

especial – experiência – exploração – espetáculo

a) Nessas palavras, a pronúncia do **s** e do **x** é:

[ ] semelhante   [ ] diferente

b) As palavras do quadro, o som das letras em destaque é grafado:

[ ] com a mesma letra   [ ] com letras diferentes

6 Nem sempre é possível tirar dúvidas sobre o uso de determinada letra para escrever certas palavras por meio de regras ortográficas. Complete as palavras a seguir usando **x**, **ch** ou **s**, depois confira a escrita delas em um dicionário.

a) cai_____eiro

b) _____aveiro

c) en_____ame

d) quei_____o

e) e_____pectorante

f) má_____imo

g) tele_____pectador

h) e_____pesso

i) trou_____a

j) e_____ercício

k) in_____aço

l) en_____ente

m) o_____ítona

n) e_____pectativa

o) conte_____to

p) e_____posição

q) e_____pressão

r) he_____agésimo

s) o_____idar

t) e_____ército

PRODUÇÃO DE TEXTO

Você e seus colegas vão montar um jornal escolar com reportagens produzidas pelos alunos de sua turma. Para isso, vocês vão formar duplas e coletar informações para escrever a reportagem. O texto pode partir de um tema atual, que julguem interessante ao público de sua escola, ou pode estar relacionado ao tema da reportagem lida: "*Bulling* e *cyber-bulling*".

Com as reportagens reunidas, sob as orientações do professor, montem um jornal escolar da turma.

O jornal pode circular entre classes para ser lido por alunos de outras turmas do 7º ano. Depois dessa troca de jornais entre turmas, eles podem ser deixados na sala dos professores por uma semana e, por fim, os exemplares poderão ser levados à biblioteca para leitura de outros alunos.

PLANEJE SEU TEXTO

Respondam a cada um dos itens do quadro como modo de planejamento. Ampliem o número de itens, se precisarem. Verifiquem se cumpriram o planejado na hora de avaliarem o texto.

173

PARA ESCREVER A NOTÍCIA	
1. Qual é o público leitor do texto?	
2. Que linguagem vamos empregar?	
3. Qual é a estrutura que o texto vai ter?	
4. Onde o texto vai circular?	

ORIENTAÇÕES PARA A PRODUÇÃO

1. Em dupla, decidam qual será o tema da reportagem.

2. Façam uma pesquisa sobre o assunto e procurem entrevistar algumas pessoas que poderão falar sobre o tema. Por exemplo, se o tema for *bullying*, vocês podem entrevistar um especialista (psicólogo, sociólogo), professores, alunos e familiares de alunos que, de algum modo, viveram o problema ou souberam de algum caso relacionado a esse tipo de violência.

3. Lembrem-se de que a reportagem é um texto mais detalhado do que a notícia, portanto, é preciso que se faça uma pesquisa mais aprofundada antes de escrever o texto.

4. Escrevam o texto em parágrafos e coloquem as falas dos entrevistados entre aspas, indicando seus nomes ou iniciais (caso eles não queiram ser identificados) antes ou depois de suas falas.

5. Caso o tema da pesquisa seja um problema social, procurem saber se houve algum tipo de providência tomada para buscar resolvê-lo. Incluam essa informação no texto.

6. As reportagens, assim como as notícias, também são textos em que é importante informar as circunstâncias em que os fatos ocorreram. Assim, as reportagens podem, por exemplo, divulgar um fato novo, mas isso não basta. Elas devem trazer ao leitor um conjunto de informações que o envolvem.

7. Por fim, deem ao texto um título que chame a atenção do público para o conteúdo da reportagem.

AVALIAÇÃO E REESCRITA

Avaliem a reportagem.

1. No texto, as informações que envolvem o tema são suficientes? O texto contempla o tema escolhido com a profundidade necessária?

2. Todas as falas de entrevistados estão entre aspas? Há identificação de quem contribuiu com o tema por meio de entrevista? O uso de iniciais para indicar os entrevistados que não desejam ser identificados foi respeitado?

3. Os elementos que dão coesão e coerência ao texto foram observados? (Sequência de ideias, uso de palavras de ligação, ausência de repetições desnecessárias, pontuações, parágrafos com novas informações etc.)

4. A revisão ortográfica foi feita antes de passar o texto a limpo?

5. No texto, há concordância entre sujeito e predicado?

6. O título cumpriu sua função?

LEIA MAIS

Há situações em que pode parecer complexo ler jornais. Mas não se esqueça de que, nos jornais de grande circulação, também costumamos encontrar textos dirigidos para adolescentes. O mesmo ocorre com as revistas. Há textos destinados para o público adolescente e revistas sobre assuntos específicos que podem ser do seu interesse. O importante é selecionar materiais e textos de qualidade, procurando-os em fontes seguras e sérias. Para obter informações de fontes confiáveis, converse com seus professores ou com especialistas no assunto que você deseja conhecer mais. Boa leitura!

PREPARANDO-SE PARA O PRÓXIMO CAPÍTULO

Para iniciar um bate-papo com o professor e os colegas, leia as próximas frases.

"O livro traz a vantagem de a gente poder estar só e ao mesmo tempo acompanhado."

Mário Quintana.

"É preciso haver maneiras e meios de proteger a língua de modo que ela não vire um museu, mas permaneça viva. A função do escritor é essa."

José Saramago, ao saber que ganhara o Nobel.

- Você gosta de ler? Por quê?
- Se você costuma ler, qual é o seu tipo favorito de leitura?
- Qual foi o último livro que você leu? Você aprendeu algo com essa leitura?

175

Unidade 4

Ler é uma viagem

Nesta unidade, você vai estudar:

- **COESÃO TEXTUAL**

- **INTERTEXTUALIDADE**

- **VERBO SIGNIFICATIVO E VERBO DE LIGAÇÃO**

- **VERBOS DE ELOCUÇÃO**

- **ORTOGRAFIA:**

- USO DE -ISAR / -IZAR E ALGUMAS REGRAS DE USO DO "S"

- ACENTO DIFERENCIAL

PARA COMEÇO DE CONVERSA

Observe, a tela reproduzida ao lado.

1. Que cores predominam no quadro: cores quentes (vermelho, amarelo ou alaranjado) ou frias (azul, roxo, verde)?

2. O que mostra a imagem na parte superior e na parte inferior?

3. De que lugar da tela parece sair a luz e para onde ela se dirige?

4. Os elementos que estão na parte superior do quadro são comuns, reais ou são fora do comum, frutos da imaginação? Que relação você faz entre esses elementos e os livros?

Antonio Peticov. *My heads*. 2004. Acrílica sobre tela, 140 cm x 150 cm.

Agora observe as fotografias e converse com o professor e os colegas sobre elas.

Foto 1

Leitura de *e-books* pode atrair novos leitores.

Foto 2

5. As duas fotografias abordam o mesmo tema? Explique.

6. Quais as diferenças entre as imagens? Descreva-as.

7. Nas duas fotos, as crianças demonstram interesse pelo que leem. O que possivelmente as motiva em cada um dos casos?

8. Leia a legenda da foto 1 e escreva uma legenda para a foto 2.

Capítulo 1

O LUGAR DO LIVRO EM MINHA VIDA

PRÁTICA DE LEITURA

Texto 1 – Depoimento

Antes de ler

1. Leia o título do texto a seguir. Que ideia sugere a palavra **troca**?

2. Pense em seus pais e amigos. O que você costuma trocar com eles?

3. Observe as palavras em destaque no interior do texto. Elas são chamadas de **palavras-chave** porque se referem às ideias principais, as que exprimem o sentido global do texto. Por meio delas, podemos tirar algumas conclusões gerais sobre o que lemos ou o que iremos ler. Tente fazer isso com o texto "A troca". Leia somente as palavras destacadas e descubra o assunto da obra.

A troca

Para mim, **livro** é **vida**; desde que eu era muito pequena os livros me deram **casa** e **comida**.

Foi assim: eu brincava de **construtora**, livro era **tijolo**; em pé, fazia parede; deitado, fazia degrau de escada; inclinado, encostava num outro e fazia telhado. E quando a casinha ficava pronta eu me espremia lá dentro pra brincar de morar em livro.

De casa em casa eu fui descobrindo o **mundo** (de tanto olhar pras paredes). Primeiro, olhando **desenhos**; depois, decifrando **palavras**.

Fui crescendo; e derrubei **telhados** com a cabeça. Mas fui pegando **intimidade** com as palavras. E quanto mais íntimas a gente ficava, menos

Lygia Bojunga Nunes

178

eu ia me lembrando de consertar o telhado ou de construir novas casas. Só por causa de uma razão: o livro agora alimentava a minha imaginação.

Todo dia a minha **imaginação** comia, comia e comia; e de barriga assim toda cheia, me levava pra morar no mundo inteiro: iglu, cabana, palácio, arranha-céu, era só escolher e pronto, o livro me dava.

Foi assim que, devagarinho, me habituei com essa **troca** tão gostosa que no meu jeito de ver as coisas – é a troca da própria vida; quanto mais eu buscava no livro, mais ele me dava.

Mas como a gente tem mania de sempre querer mais, eu cismei um dia de alargar a troca: comecei a fabricar tijolo pra – em algum lugar – uma **criança** juntar com outros, e levantar a casa onde ela vai morar.

Lygia Bojunga Nunes. *Livro*: um encontro com Lygia Bojunga.
2. ed. Rio de Janeiro: Agir, 1998.

Por dentro do texto

1 Em seu depoimento, o que a autora pretende comunicar quando diz que livro é vida e que os livros deram a ela casa e comida?

2 Depois de definir **livro**, o depoimento apresenta, em cada parágrafo, uma ideia diferente a respeito da importância do livro na vida da autora. Identifique a que parágrafo corresponde cada uma dessas fases.

a) 1º período da infância – brincando de casinha: livro era tijolo;

b) 2º período da infância – descobrindo o significado dos desenhos e das palavras;

c) pré-adolescência/adolescência – pegando intimidade com as palavras, alimentando a imaginação;

d) jovem, adulto – fabricando livros.

3 Por que o depoimento recebeu o nome de "A troca"?

4 No texto, estão destacados os substantivos que melhor exprimem a ideia central do texto. Destaque os verbos que fazem referência às ações principais apresentadas. Anote a resposta em seu caderno. Coloque os verbos no infinitivo, ou seja, na forma como aparecem no dicionário.

Veja estes exemplos: **dar** (os livros deram casa e comida)
brincar (eu brincava de construtora)

5 Sente-se com um colega: juntos, escolham um dos verbos destacados na questão anterior e escrevam uma frase sobre o tema leitura. Depois, um dos dois lê em voz alta para a classe.

_____
_____

6 A expressão "fabricar tijolo" está empregada em sentido figurado.

a) Qual é o significado dessa expressão?
_____

b) Em sua opinião, por que ela resolveu "fabricar tijolos"?
_____
_____

REFLEXÃO SOBRE O USO DA LÍNGUA

Coesão textual (I)

1 Leia as frases a seguir.

> Eu era muito pequena.
> Os livros me deram casa.
> Eu brincava de construtora.
> Os livros eram os tijolos.
> A casinha ficava pronta.
> Eu me espremia dentro da casinha.
> Descobrindo o mundo.
> Decifrando palavras.

a) Qual é sua opinião sobre a formulação deste trecho que acabou de ler? Explique.
_____
_____

180

b) Podemos dizer que há um texto aqui?

_____

_____

2 Complete o texto a seguir com as palavras e expressões do quadro abaixo.

> Para mim, livro é vida; _____ eu era muito pequena os livros me deram casa e comida.
>
> _____: eu brincava de construtora, livro era tijolo; em pé, fazia parede; deitado, fazia degrau de escada; inclinado, encostava num outro e fazia telhado. E _____ a casinha ficava pronta eu me espremia lá dentro _____ brincar de morar em livro.
>
> _____ eu fui descobrindo o mundo (de tanto olhar pras paredes). _____, olhando desenhos; _____, decifrando palavras.
>
> Fui crescendo; e derrubei telhados com a cabeça. Mas fui pegando intimidade com as palavras.

| quando | de casa em casa | primeiro | depois | foi assim | pra | desde que |

a) E desta vez, pode-se dizer que há um texto? Por quê?

_____

_____

b) Qual é a importância das palavras que foram encaixadas no trecho anterior?

_____

_____

Importante saber

No exercício 2, você organizou os parágrafos inserindo palavras e expressões que serviram para ligar palavras e ideias dentro das frases e as frases dentro do parágrafo.

Você também já estudou que a língua possui mecanismos de repetição que contribuem para o desenvolvimento progressivo do texto. Por exemplo: há palavras que retomam outras já mencionadas no texto, como os pronomes. Outro aspecto da língua que exerce o papel de ligar e organizar a sequência de um texto é a pontuação.

Desse modo, há uma série de elementos da língua que garantem a organização das palavras nas frases e nos parágrafos. À relação entre esses elementos, que são marcados no texto, damos o nome de **coesão textual**. A **coesão** está voltada para as relações internas do texto.

Coerência textual é o que faz com que o texto faça sentido para o leitor, tornando-o uma unidade global de significação. A coerência está ligada ao contexto, ao que está além do texto.

181

> Em resumo:
>
> - a **coesão** faz a ligação, a amarração interna dos elementos do texto: as palavras, as frases, os parágrafos;
>
> - a **coerência** é o que faz com que o texto faça sentido para o leitor, conectando as ideias explícitas e implícitas do discurso.

Aplicando conhecimentos

1 Leia duas situações comunicativas diferentes.

Situação 1
Falante 1: – O telefone está tocando.
Falante 2: – Não estou.
Falante 1: – Deixe comigo.

Situação 2
Falante 1: – Feche a porta.
Falante 2: – Certo... Ainda está com frio?
Falante 1: – É melhor fechar também a janela.

a) Interprete cada situação explicando o que acontece em cada uma.

_____
_____
_____
_____

b) O fato de as pessoas em geral já terem vivido ou conhecido situações semelhantes às que foram apresentadas faz com que elas consigam interpretá-las. Os textos apresentados nas situações 1 e 2 podem ser considerados coerentes?

[ ] sim   [ ] não

- Por quê?

_____
_____

2 Na língua, existem palavras que servem para encadear as ideias, organizar com clareza o pensamento. Também há palavras que retomam no texto os elementos anteriores. Releia o próximo trecho.

> Fui crescendo; e derrubei telhados com a cabeça. Mas fui pegando intimidade com as palavras. E quanto mais íntimas **a gente** ficava, menos eu ia me lembrando de consertar o telhado ou de construir novas casas.

a) A expressão **a gente** se refere a que elementos do texto já conhecidos do leitor?

_____

b) Qual é a função da expressão **a gente** nesse parágrafo?

3. Releia outro parágrafo do texto.

> Foi assim: eu brincava de construtora, **livro** era tijolo; em pé, fazia parede; deitado, fazia degrau de escada; inclinado, encostava num outro e fazia telhado. E quando a casinha ficava pronta eu me espremia lá dentro pra brincar de morar em livro.

a) Nesse parágrafo, foi preciso usar pronomes para retomar a palavra livro? Explique sua resposta.

b) Agora, leia a reescrita do trecho acima.

> Foi assim eu brincava de construtora livro era tijolo em pé fazia parede deitado fazia degrau de escada inclinado encostava num outro e fazia telhado.

c) O texto continua fazendo sentido? Por quê?

d) Que sinais de pontuação organizaram o primeiro trecho apresentado, contribuindo para garantir a sequência das ideias?

4. Pontue o parágrafo a seguir para dar coesão ao texto.

Marília chegou em casa tirou os sapatos deixou-os na porta beijou os filhos e se deitou Sabia que entre tantos pensamentos apenas um deveria permanecer até o dia amanhecer por onde andaria o seu marido Madrugada adentro rolou na cama incomodou-se com a falta de cobertor com o fato de não ter alguém para contar tudo o que acontecera no trabalho com a demora da noite solitária Onde estaria Luís Preocupava-se cada vez mais

183

5 Releia o parágrafo do exercício anterior e crie um novo parágrafo dando sequência a ele. Na continuação do texto, considere que Luís, o marido de Marília, não voltou para casa por estar vivendo uma situação de perigo. No caderno, dê continuidade ao texto, escrevendo mais dois ou três parágrafos. Após o término do texto, anote na tabela a seguir os recursos de coesão que foram empregados por você na escrita desses parágrafos.

Pontuação	Que sinais de pontuação foram usados?	Em que parágrafo(s)?
Conjunções ou pronomes relativos ligando orações	Quais?	Em que parágrafo(s)?
Pronomes pessoais retos ou oblíquos para retomar termos ou substituí-los	Quais?	Em que parágrafo(s)?

PRÁTICA DE LEITURA

Texto 2 – Conto maravilhoso

Os dois pequenos e a bruxa

Era uma vez uma mulher que tinha um filho e uma filha. Um dia a mãe mandou o filho buscar cinco réis de tremoços e depois disse para os dois:

— Meus dois filhinhos, até onde acharem as casquinhas de tremoços, vão andando pelo caminho afora, e em chegando ao mato lá me hão de encontrar apanhando lenha.

Os pequenos assim fizeram.

Depois de a mãe sair, foram andando pelas castanhas de tremoços que ela ia deitando para o chão, mas não a encontraram.

Como já era noite, viram ao longe uma luz acesa. Foram caminhando para lá e viram uma velha a frigir bolos.

A velha era cega de um olho, e o pequeno foi pela banda do olho cego e furtou-lhe um bolo, porque estava com muita fome.

Ela, julgando que era o gato, disse:

— Sape, gato! Bula que não bula, que te importa a ti?

O pequeno disse para a irmã:

— Agora vai lá tu!

A pequena respondeu:

— Não vou lá que eu pego-me a rir!

O pequeno disse que ela havia de ir, e a irmã não teve mais remédio, e foi. Foi pelo lado do olho cego e tirou outro bolo.

A velha, que julgava outra vez que era o gato, disse:

– Sape, gato! Bula que não bula, que te importa a ti?

A pequena largou-se a rir.

A velha voltou-se, viu os dois pequenos e disse para eles:

– Ai, sois vós, meus netinhos! Comei, comei para engordar.

Depois agarrou neles e meteu-os num caixão cheio de castanhas.

No outro dia chegou ao caixão e disse para eles:

– Deitai os vossos dedinhos, meus netinhos, que é para ver se estais gordinhos.

Os pequenos deitaram o rabo de um gato, que acharam dentro do caixão.

A velha disse então:

– Saí, meus netinhos, que já estão gordinhos.

Tirou-os para fora do caixão e disse-lhes para irem à linha com lenha.

Os pequenos foram para o mato por uma banda, e a velha foi por outra. Quando chegaram a um certo lugar, encontraram uma fada.

A fada disse-lhes:

– Andais à lenha, meninos, para aquecer o forno, mas a velha quer assar-vos nele!

Depois contou que a velha havia de dizer para eles: *Sentai-vos, meus netinhos, nesta pazinha, para vos ver balhar dentro do forno!* E que eles lhe haviam de dizer que se sentasse ela primeiro, para eles verem como era.

A fada foi-se embora.

Daí a pouco encontraram-se os pequenos com a velha do mato.

Apanharam a lenha toda que tinham cortado e foram para casa acender o forno.

Depois de acenderem o forno, a velha varreu-o muito bem varrido e depois disse para eles:

– Sentai-vos, meus netinhos, nesta pazinha, para vos ver balhar dentro do forno!

Os pequenos responderam como a fada os tinha ensinado:

– Sentai-vos aqui primeiro, avozinha, nesta pazinha, para nós vos vermos balhar dentro do forno!

A velha, como queria assá-los, sentou-se na pá, e eles mal a viram sentada, empurraram a pá para dentro do forno.

A bruxa deu um grande estouro e morreu queimada, e os pequenos ficaram senhores da casa e de tudo quanto ela tinha.

Consiglieri Pedroso. *Contos populares portugueses*. São Paulo: Landy, 2001.

Por dentro do texto

1) Na introdução do texto, a mãe das crianças lhes dá uma orientação: percorrer um caminho em que ela ia deixando cascas de tremoço. É possível afirmar que essa orientação gerou a situação-problema da história? Explique como você percebeu isso.

_____
_____
_____

2) Que solução as crianças encontraram para se abrigar?

_____
_____

3) Releia a fala da velha.

> – Ai, sois vós, meus netinhos! Comei, comei para engordar.

- Qual era a intenção da velha ao querer que eles engordassem?

_____
_____

4) Os acontecimentos narrados no conto "Os dois pequenos e a bruxa" lembram outro conto conhecido. Você sabe qual é ele? Escreva seu título.

_____

5) O desfecho da história de que você se lembrou tem alguma semelhança com o final da que acabou de ler? Identifique-as.

_____

Texto e construção

1) Releia o início da história.

> **Era uma vez** uma mulher que tinha um filho e uma filha.

a) Que gênero textual costuma ter início com a expressão **era uma vez**?

_____

b) Imagine que essa história tivesse início com o uso do verbo no pretérito perfeito: "**Foi uma vez...**". O emprego desse tempo verbal seria adequado? Por quê?

_____
_____

186

c) Por que os contos desse tipo costumam utilizar o pretérito imperfeito?
_____

2 Lembre-se de outras histórias que tenham como personagens príncipes, princesas, reis, rainhas, gigantes, bruxas e fadas e escreva o nome delas em seu caderno.
_____
_____

3 Que ensinamento podemos tirar do conto "Os dois pequenos e a bruxa"?
_____
_____
_____

4 Leia a seguir o significado da palavra **maravilhoso**.

> **maravilhoso:** magnífico; fora do comum; extraordinário; prodigioso.
> Domingos Paschoal Cegalla. *Dicionário Escolar*. São Paulo: Companhia Editora Nacional, 2005.

a) Responda: os seres destacados na questão 2 – gigantes, bruxas, fadas etc. – fazem parte de histórias reais? Explique.
_____

b) E o conto "Os dois pequenos e a bruxa"?
_____
_____

Importante saber

O texto "Os dois pequenos e a bruxa" é um **conto maravilhoso**, também conhecido como conto de fadas ou conto de encantamento.

Essas histórias se estruturam apresentando os elementos básicos da narrativa:

1) introdução – apresentação das personagens, ambiente, tempo;

2) conflito – situação-problema da história;

3) clímax – é o ponto alto da trama narrativa. Costuma aparecer antes de o conflito se encaminhar para a solução;

4) solução – desencadeia o **desfecho** da história.

Os contos maravilhosos costumam apresentar um protagonista, a personagem principal da história, e um vilão ou antagonista, personagem que faz oposição ao protagonista.

No conto maravilhoso, o narrador relata acontecimentos que vão se alterando no decorrer da história, de modo que há elementos linguísticos fundamentais de marcação do tempo e de mudanças do enredo, como é o caso dos verbos e dos advérbios.

Uma característica importante desses contos é a presença do **elemento mágico**, **sobrenatural**. Além disso, costumam ter a intenção de ensinar algo sobre o comportamento humano.

O conto maravilhoso, há séculos, permite que o leitor mergulhe na fantasia. De forma bem imaginativa, oferece sonhos importantes para o desenvolvimento humano ao propor histórias que partem da realidade do dia a dia, passa pelas situações fantásticas e, por fim, devolve o leitor à realidade.

5 Leia a capa do livro do qual a história "Os dois pequenos e a bruxa" foi retirada.

- Levante hipóteses: por que no título do livro encontramos a expressão "Contos populares"?

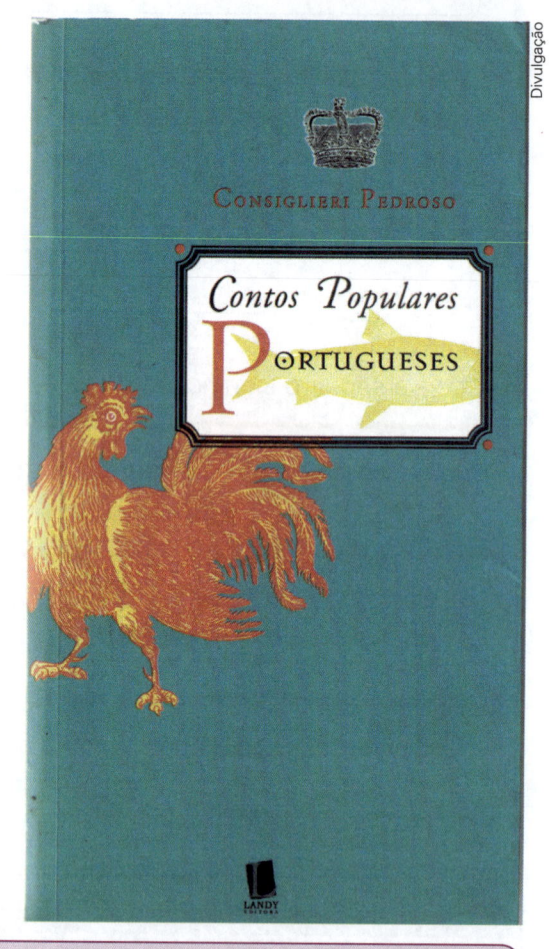

_____
_____
_____
_____
_____
_____
_____

Consiglieri Pedroso. *Contos populares portugueses*. São Paulo: Landy, 2001.

Importante saber

Há muitas e variadas versões de contos maravilhosos espalhados pelo mundo. A história **"Os pequenos e a bruxa"** foi recolhida em Portugal. O conto equivalente recolhido na Alemanha chama-se **"Hansel e Gretel"**; no Brasil é **"João e Maria"**.

Isso também acontece com outras histórias e não se sabe ao certo a origem de cada uma delas. Cada conto traz elementos da cultura de seu povo manifestados no vocabulário, no ambiente, nas personagens e na maneira de contar a história, pois quem conta um conto costuma mesmo aumentar um ponto.

6 Embora existam diferentes versões de um mesmo conto, é possível identificá-lo por meio dos elementos comuns às variações. Que elementos da história "Os dois pequenos e a bruxa" correspondem ao conto "João e Maria"?

_____
_____
_____

7 O narrador participa da história "Os pequenos e a bruxa"?

_____

Releia este trecho do texto, que foi escrito em outra variedade linguística.

> A velha era cega de um olho, e o pequeno foi pela banda do olho cego e furtou-lhe um bolo, porque estava com muita fome.
>
> Ela, julgando que era o gato, disse:
>
> – Sape, gato! Bula que não bula, que te importa a ti?
>
> O pequeno disse para a irmã:
>
> – Por que não vai lá tu?

a) Esse trecho mostra que a história foi escrita em português de Portugal. Que marcas textuais comprovam essa afirmação?

_____

_____

b) Veja o significado da palavra "sape", usada nesse trecho.

> **sape**
> ■ *interjeição*
> us. para enxotar gatos
> INSTITUTO ANTÔNIO HOUAISS. *Dicionário eletrônico Houaiss da língua portuguesa*. Rio de Janeiro: Objetiva, 2001.

- Com base nessas informações, como você interpreta a frase "Sape, gato", dita pela velha?

_____

REFLEXÃO SOBRE O USO DA LÍNGUA

Coesão textual (II)

1 Releia este trecho do conto.

> Era uma vez uma mulher que tinha um filho e uma filha. Um dia a mãe mandou o filho buscar cinco réis de tremoços e depois disse para os dois:
>
> – Meus dois filhinhos, até onde acharem as casquinhas de tremoços, vão andando pelo caminho afora, e em chegando ao mato lá me hão de encontrar apanhando lenha.
>
> Os pequenos assim fizeram.
>
> Depois de a mãe sair, foram andando pelas castanhas de tremoços que ela ia deitando para o chão, mas não a encontraram.

189

a) A primeira vez que as personagens aparecem mencionadas no texto, são referidas como:

- uma mulher
- um filho e uma filha

• De que maneira as personagens "uma mulher" e "um filho e uma filha" são mencionados na segunda linha do texto? Copie as expressões que substituem esses termos.

_____

_____

b) Assinale a alternativa correta. A vantagem desse tipo de substituição no texto é:

[   ] as substituições ajudam o leitor a saber quem era a mãe e as crianças

[   ] as substituições contribuem para evitar repetições de palavras no texto

c) No restante do trecho, dois novos termos serão usados para se referir às duas crianças. Transcreva-os.

_____

d) Releia o último parágrafo do trecho anterior. Copie do texto um pronome pessoal reto e um pronome pessoal oblíquo usados para substituir a expressão "a mãe".

_____

> **Importante saber**
>
> Você já estudou que há uma série de elementos da língua que garantem a organização das palavras nas frases e nos parágrafos de um texto. A essa ligação, amarração interna dos elementos de um texto, damos o nome de **coesão textual**.
>
> As conjunções, por exemplo, costumam ser empregadas para ligar orações. O uso da pontuação também pode favorecer a coesão de um texto. Outra relação que contribui para o desenvolvimento do texto em sua progressão é o uso dos pronomes. No texto lido, para evitar repetições, algumas palavras ou expressões foram substituídas por termos novos e, algumas delas, por pronomes.
>
> Assim, além do emprego da pontuação e do uso das conjunções para ligar orações, os pronomes também são elementos importantes para garantir a coesão textual. A função principal deles é fazer referência a certos termos ou expressões do texto, retomando-os.

Aplicando conhecimentos

1. Releia mais um trecho da história, que conta como os dois irmãos encontraram a bruxa.

> Como já era noite, ☆ viram ao longe uma luz acesa. ☆ Foram caminhando para lá e ☆ viram uma velha a frigir bolos.
>
> A velha era cega de um olho, e o pequeno foi pela banda do olho cego e furtou-lhe um bolo, porque ☆ estava com muita fome.
>
> Ela, julgando que era o gato disse:
>
> – Sape, gato.

a) No primeiro parágrafo, encontramos a expressão "uma velha". Copie do trecho:

• Outra expressão que a substitui, formada igualmente de artigo + substantivo	
• Um pronome pessoal oblíquo que retoma essa expressão.	
• Um pronome pessoal reto que retoma essa expressão.	

b) Deduza que pronomes poderiam ser encaixados no lugar de cada símbolo (☆) que aparece no trecho.

_____

c) Por que será que o pronome não foi usado nos três trechos marcados com o símbolo no primeiro parágrafo?

_____
_____
_____

2 Leia o texto a seguir e reescreva-o conforme as dicas indicadas pela cor de cada tarja da tabela.

🟩	Acrescentar termo da mesma classe gramatical.
🟦	Acrescentar pronome pessoal, possessivo ou demonstrativo.
🟨	Verificar se é possível retirar pronome. Nesse caso, elimine o pronome desnecessário.

O pioneiro da impressão

Era um milagre!

O padre fitou o papel. A escrita nele era clara e não havia <mark>nele</mark> um único erro.

<mark>Ele</mark> olhou a folha seguinte. Depois a outra ▢. Todas <mark>elas</mark> estavam igualmente boas.

"Quem escreveu isso?", <mark>ele</mark> perguntou.

Johannes Gutenberg riu. "▢ não foi escrito por ninguém", <mark>ele</mark> replicou.

Prensa de Gutenberg.

191

_____ ficou ainda mais confuso.

Ele tinha pedido a Gutenberg para fazer algumas cópias de um documento da Igreja.

_____ época, há mais de 500 anos, tudo tinha de ser copiado à mão. Copistas sentavam-se o dia todo ante as escrivaninhas escrevendo livros e documentos com pena e tinta. E agora vinha _____ homem dizer que _____ cópias não tinham sido feitas por uma pessoa. _____ devia ser um mágico.

Mas Gutenberg não era um _____. Ele era um impressor de Mainz, na Alemanha, e tinha ele inventado uma forma de fazer cópias com uma máquina chamada máquina de impressão. [...]"

O mundo da criança. São Paulo: *Enciclopédia Britânica*, 1995. V13.

3 Leia a quarta capa de um livro de contos dos irmãos Grimm.

AS HISTÓRIAS MAIS POPULARES DO MUNDO

Jacob (1785-1863) e Wilhelm Grimm (1786-1859) foram eruditos alemães, estudiosos de literatura, de filologia, e autores das mais célebres e clássicas histórias para crianças em todos os tempos.

Nascidos em Hanau, ambos estudaram em Marburgo e, de 1808 a 1829, trabalharam em Kassel. Os dois irmãos foram professores na Universidade de Göttingen e se destacaram em seu tempo como grandes estudiosos da língua alemã. Duas das grandes realizações dos irmãos foram a *Deutsches Grammatik* e o fato de terem iniciado o importante *Deutsches Wörterbuch*, cujos vários volumes foram finalmente completados por estudiosos em 1961.

Os dois tinham um desejo em comum: reunir toda a tradição oral alemã. Para tanto, não se basearam em informações retiradas de documentos escritos, e sim em relatos colhidos entre os camponeses. Apesar de eruditos, respeitáveis pesquisadores do idioma alemão, a celebridade mundial dos irmãos Grimm se deve ao conjunto de histórias que eles criaram, recolheram na tradição popular e fixaram em texto. O mérito destas histórias é que elas funcionam e fascinam em todas as línguas e culturas, como têm feito há quase duzentos anos. "A Bela Adormecida", "O Príncipe Sapo", "A Gata Borralheira" e "Branca de Neve" são algumas das histórias recolhidas pelos irmãos Grimm e publicadas no livro *Kinder-und Hausmärchen* (*Contos Infantis e do Lar*, 1812), que, ainda hoje, é a mais conhecida coletânea de contos populares no mundo.

L&PM POCKET
A maior coleção de livros de bolso do Brasil
TEXTO INTEGRAL

Procure nas últimas páginas deste livro os lançamentos da Coleção L&PM Pocket

ISBN 85-254-1159-0

Tradução de Zaida Maldonado. Porto Alegre: L&PM, 2002.
Jacob Grimm e Wilhelm Grimm. *O Príncipe Sapo e outras histórias*.

a) Responda: como nasceram os contos registrados em livro pelos irmãos Grimm?

_____

_____

b) Os contos populares mencionados no último parágrafo do texto chegaram até nossos dias porque alguém os registrou. De acordo com o texto, os irmãos Grimm não se basearam em relatos escritos para reunir as histórias provenientes da tradição alemã. De que modo eles fizeram a coleta dessas informações?

_____

_____

193

c) Para garantir a coesão textual , o autor do texto da quarta capa usou expressões próprias para ligar as ideias do texto. Algumas delas estão em destaque.

Na tabela a seguir, escreva outras expressões que poderiam ficar no lugar das expressões destacadas sem alterar o sentido do texto.

1	
2	
3	
4	
5	

d) Reescreva os trechos a seguir, retirando as palavras que resultam em uma repetição desnecessária ao texto. Faça adaptações em alguns trechos quando for necessário.

- Os irmãos Grimm nasceram em Hanau, eles estudaram em Marburgo e, de 1808 e 1829, os irmãos Grimm trabalharam em Kassel. Os irmãos Grimm foram professores na universidade de Göttingen e eles se destacaram em seu tempo como grandes estudiosos da língua alemã.

- Jacob e Wilhelm Grimm foram eruditos alemães, foram estudiosos de literatura, estudiosos de filologia e também foram autores das mais célebres e clássicas histórias para crianças em todos os tempos.

PRÁTICA DE LEITURA

Texto 3 – Paródia do conto maravilhoso

Senhorita Vermelho

Chapeuzinho Vermelho era a mais solteira das amigas de Dona Branca e uma das poucas que não era princesa. A história dela tinha terminado dizendo que ela ia viver feliz para sempre ao lado da Vovozinha, mas não falava em nenhum príncipe encantado. Por isso, Chapeuzinho ficou solteirona e encalhada ao lado de uma velha cada vez mais caduca.

Com a cestinha pendurada no braço e com o capuz vermelho na cabeça, Dona Chapeuzinho entrou com o lacaio atrás. Dona Branca correu para abraçar a amiga.

– Querida! Há quanto tempo! Como vai a Vovozinha?

– Branca!

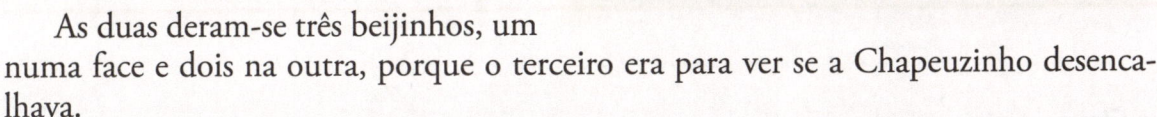

As duas deram-se três beijinhos, um numa face e dois na outra, porque o terceiro era para ver se a Chapeuzinho desencalhava.

– Minha amiga Branca! Por que você tem esses olhos tão grandes?

– Ora, deixa de besteira, Chapéu!

– Ahn... quer dizer... desculpe, Branca. É que eu sempre me distraio... – atrapalhou-se toda a Chapeuzinho. – Sabe? É que eu estou sempre pensando na minha história. Ela é tão linda, com o Lobo Mau, tão terrível, e o Caçador, tão valente...

– Até que a sua história é passável, Chapéu – comentou Dona Branca, meio despeitada. – Mas linda mesmo é a minha, que tem espelho mágico, maçã envenenada, bruxa malvada, anõezinhos e até caçador generoso.

– Questão de gosto, querida...

Dona Chapeuzinho sentou-se confortavelmente, colocou a cestinha ao lado (ela não largava aquela bendita cestinha!), tirou um sanduíche de mortadela e pôs-se a comer (aliás, Dona Chapeuzinho tinha engordado muito desde aquela aventura com o Lobo Mau).

— Aceita um brioche? — ofereceu a comilona de boca cheia.

— Não, obrigada.

— Quer uma maçã?

— Não! Eu detesto maçã. [...]

Dona Branca jogou para trás os cabelos cor de ébano e tomou uma decisão:

— Vou convocar uma reunião de todas nós!

— Boa ideia! Chame os príncipes também!

— Os príncipes não adianta chamar. Estão todos gordos e passam a vida caçando. Além disso, príncipe de história de fada não serve para nada. A gente tem de se virar sozinha a história inteira, passar por mil perigos, enquanto eles só aparecem no final para o casamento.

Chapeuzinho concordou:

— É... Os únicos decididos são os caçadores. Eu devia ter casado com o caçador que matou o Lobo...

Dona Branca tocou a campainha de ouro. Imediatamente, Caio, o lacaio, estava à sua frente.

— Às ordens, princesa!

— Caio, monte o nosso melhor cavalo. Corra, voe e chame todas as minhas cunhadas de todos os reinos encantados para uma reunião aqui no castelo. Depressa!

Pedro Bandeira. *O fantástico mundo de Feiurinha.* São Paulo: FTD, 1987.

Por dentro do texto

1 Que personagens de histórias conhecidas estão presentes no texto?

_____

2 Transcreva do texto as características dadas a Chapeuzinho e responda: qual é a visão do narrador sobre a personagem?

_____

_____

3 Que fala da personagem Chapeuzinho revela um apego ao passado?

_____

_____

196

4 O diálogo entre Branca e Chapeuzinho revela um jeito de se expressar mais moderno ou mais antigo? Transcreva do texto uma frase que confirme sua resposta.

_____
_____

5 Além de depreciar a personagem do conto antigo, "Chapeuzinho Vermelho", o narrador, pelas falas da personagem Branca, ridiculariza outras personagens comuns aos contos de fadas. Identifique essas personagens e enumere suas características negativas, de acordo com Branca.

_____
_____
_____

6 Como você ilustraria as personagens dessa história? Faça a apresentação delas e compare com as ilustrações de seus colegas. Depois, exponha o material num painel da sala.

_____
_____
_____
_____

7 Em seu caderno, reproduza o quadro a seguir e complete-o com as informações que estão faltando.

Frase marcante da personagem Chapeuzinho	**História original:** Por que esses olhos tão grandes? Pergunta de chapeuzinho para a "avó". **Nova história:**
Humor no texto	**História original:** não apresenta humor. **Nova história:**
Característica de Chapeuzinho	**História original:** uma menina comum que leva lanche para a avó doente. **Nova história:**
Desfecho da história	**História original:** E viveram felizes para sempre. **Nova história:**

a) Seria possível reconhecer os efeitos de humor do texto de Pedro Bandeira sem conhecer a história original? Por quê?

_____
_____
_____

197

b) Assinale a afirmação que melhor descreve a relação entre "Senhorita Vermelho" e "Chapeuzinho Vermelho".

☐ **I.** O texto é bastante semelhante ao conto "Chapeuzinho Vermelho" e mantém seus elementos principais, inclusive as características das personagens.

☐ **II.** O texto nega completamente o conteúdo do texto original. É um protesto a Chapeuzinho, mas sem provocar humor.

☐ **III.** O texto se parece com o original, mantém as mesmas personagens, mas altera parte de seu conteúdo e, ao fazer isso, constrói o humor.

8 **Paródia** é a imitação cômica de uma composição literária ou musical.

- Com base nessa explicação, responda: o texto "Senhorita Vermelho" é uma paródia? Explique.

___

___

___

Importante saber

Quando um texto tem outro texto como ponto de partida, confirmando suas ideias ou confrontando-as, observamos a **intertextualidade**. O conto "Senhorita Vermelho" apresenta semelhanças e diferenças com relação ao texto "Chapeuzinho Vermelho", portanto é possível identificar entre eles uma **intertextualidade**.

Neste caso, os elementos do texto de Pedro Bandeira reescrevem os elementos da versão original, provocando humor.

A **paródia** estabelece **intertextualidade**, pois é um texto que se confronta com as ideias de um outro, e sua intenção é provocar efeitos de humor ou crítica.

DE OLHO NA ESCRITA

1 Leia as palavras a seguir:

| ca**s**a | ro**s**a | prince**s**a | avi**s**o | qui**s**er | pesqui**s**a | análi**s**e |

a) O que essas palavras têm em comum em relação à escrita e à sonoridade?

___

b) Escreva outras cinco palavras que apresentem a mesma característica que você observou.

___

___

2 Responda às questões seguintes com substantivos grafados com **s**, mas que tenham o som de /**z**/. Com as respostas, complete a cruzadinha.

O que é o que é?

a) Homem que preside.
Presidente

b) O que surpreende.

c) O tempo atual.

d) Lugar que contém muitas obras de arte dos séculos anteriores.

e) Mulher que escreve poesias.

f) Feminino de português.

3 Observe agora estas duplas de palavras.

| raiz – enraizar | dez – dezena |

a) O que essas duplas têm em comum?

___

___

199

> **Importante saber**
>
> Ao responder as questões anteriores, você deve ter percebido que há situações específicas para o uso das terminações –isar / -izar ou para o emprego da letra **s**.
>
> Conheça algumas regras para esses usos.
>
> - Usa-se a terminação **–isar** para grafar palavras derivadas de primitivas escritas com "**s**". Por exemplo: av**iso** – av**isar**.
>
> - Usa-se "**s**" nos sufixos -es,-esa,-isa, que indicam título de nobreza, profissão ou origem. Por exemplo: marquês, princesa.
>
> E também depois de ditongo: causa, coisa.
>
> - São grafados com a terminação **–izar** os verbos derivados de palavras que apresentam **–iz** em sua formação Exemplo: cicat**riz** – cicat**rizar**.
>
> De palavras que não trazem **–is** ou **–iz** ao final também derivam verbos com terminação **–izar**. Exemplo: legal – legal**izar**.

4 Agora é a sua vez. Com base nas regras apresentadas, escreva verbos que pertençam à mesma família das palavras abaixo, grafando-os com -isar ou -izar.

a) eternidade: _____

b) paralisia: _____

c) pesquisa: _____

d) canal: _____

e) análise: _____

f) horror: _____

g) comércio: _____

h) verniz: _____

i) matiz: _____

j) liso: _____

5 Complete as regras que formam as dicas para o caça-palavras. Em seguida, encontre no diagrama exemplos de palavras correspondentes a elas.

- Usa-se **s** nos sufixos –es, -esa e –isa para grafar palavras que indicam título de _____, profissão ou _____. Encontre três delas no diagrama.

- Emprega-se a letra **s** para grafar palavras em que essa letra aparece depois de _____. Encontre dois casos correspondentes a essa regra no diagrama.

- Também derivam verbos com terminação _____ de palavras que não trazem **–is** ou **–iz** ao final. Exemplo: legal – legal**izar**. Encontre dois exemplos para essa regra no diagrama.

200

Q	S	T	R	E	Z	V	A	E	U	R	B	Z	P	D	S	A
A	B	X	S	M	A	R	Q	U	E	S	A	A	O	R	T	A
E	O	J	G	R	T	V	B	B	S	T	N	B	L	E	D	A
D	A	H	V	A	P	L	A	U	S	O	A	H	E	G	G	H
F	M	L	L	Q	O	E	A	A	R	S	L	H	M	J	L	O
T	Q	U	Z	T	E	D	B	F	T	A	I	J	I	P	R	S
U	V	R	I	U	T	R	A	V	S	B	Z	L	Z	S	R	V
O	R	E	C	H	I	N	E	S	A	U	A	I	A	C	N	M
P	G	T	O	P	S	Q	E	U	I	J	R	E	R	A	S	Q
L	N	R	T	L	A	C	A	H	J	L	T	Z	S	R	S	D
M	Q	Z	J	N	D	F	M	A	I	S	E	N	A	F	R	X

6 Em pequenos grupos, você e seus colegas vão inventar um jogo que empregue as palavras que apareceram nos exercícios anteriores. Veja algumas sugestões.

- jogo de adivinha (o que é, o que é?);

- palavras cruzadas;

- jogo da velha;

- bingo;

- forca.

Depois de inventado o jogo, é hora de trocá-lo com outra equipe e brincar com o jogo recebido. Divirtam-se!

PRODUÇÃO DE TEXTO

Vamos montar um livro?

Reconte a história de um conto maravilhoso que você conhece, fazendo alguma modificação: você pode alterar o desfecho, as características de alguma personagem e seu destino, trazer uma personagem de uma outra história para participar dessa narrativa etc. Use a sua imaginação. Abuse da criatividade!

Recrie a história ou trechos interessantes da obra. Procure atrair a atenção do leitor para o seu texto. Para isso, procure criar suspense, isto é, oculte algum dado para só apresentá-lo no final do relato.

Ao final da produção, seu texto será juntado aos de outros colegas para formar um livro da turma.

PLANEJE SEU TEXTO

Copie no caderno os itens do quadro e responda a cada um deles como modo de planejamento. Amplie o número de itens se precisar. Verifique se cumpriu o planejado na hora de avaliar o texto.

PARA ESCREVER A NOTÍCIA	
1. Qual é o público leitor do texto?	
2. Que linguagem vou empregar?	
3. Qual é a estrutura que o texto vai ter?	
4. Onde o texto vai circular?	

ORIENTAÇÕES PARA A PRODUÇÃO

1. Seu conto poderá apresentar uma cena em que as personagens se encontram e dialogam sobre assuntos que apresentam relação com a época atual, como "Senhorita Vermelho". Você pode introduzir no conto um elemento novo que tenha alguma relação com a história original. Por exemplo: Branca de Neve encontra a casa dos sete anões, que é toda informatizada, mas ela não sabe lidar com aquele "mundo de botões". Outra ideia é propor um encontro entre personagens de contos diferentes. O encontro pode ser entre dois vilões, dois protagonistas. Mudar o ponto de vista da narrativa também é uma ideia bastante interessante. Por exemplo: contar a história de Branca de Neve do ponto de vista de um dos sete anões, a de Chapeuzinho Vermelho do ponto de vista do lobo ou do caçador.

2. Observe se o uso do tempo verbal em sua história ficou coerente com o que pretendia comunicar em cada momento do texto.

3. Utilize a descrição quando houver necessidade de retratar o ambiente, as características das personagens etc. Esse recurso poderá enriquecer seu texto.

4. Localize o leitor no tempo e no espaço, empregando verbos, advérbios e locuções adverbiais sempre que houver necessidade.

5. Caracterize: personagens, ambiente e indique o contexto em que esses elementos aparecem.

6. Verifique se as partes da história estão bem encadeadas, tanto no que diz respeito às ideias do texto como ao uso dos elementos linguísticos que ligam as partes.

AVALIAÇÃO E REESCRITA

1. Você caracterizou personagens, tempo e espaço?
2. Fez uso adequado dos tempos verbais?
3. Empregou no texto os elementos de coesão estudados neste capítulo?
4. O texto ficou coerente? Leia-o e responda: você acredita que o leitor vai compreendê-lo?
5. Você organizou o texto em parágrafos?
6. Criou diálogos?
7. Caso tenha usado o discurso direto: empregou travessão? Usou verbos para anunciar a fala das personagens? Empregou dois-pontos quando houve necessidade? Separou a fala da personagem da voz do narrador?
8. O desenvolvimento da história é coerente com a situação-problema (conflito) e com as características das personagens?

PREPARAÇÃO DO LIVRO E CIRCULAÇÃO DO TEXTO

1. Escreva uma apresentação sobre você e, nela, explique por que escolheu recontar essa história.
2. Crie uma capa para o livro.
3. Escreva a sinopse da história na quarta capa.
4. É hora de fazer os convites para seus amigos, parentes e autoridades ligadas à escola para o lançamento do livro. Observe o tipo de linguagem predominante em cada um desses grupos e utilize-a adequadamente.

Antes de confeccionar os convites, compare os exemplos a seguir e observe a linguagem empregada nos convites e a quem se dirige cada um deles.

Exemplo A

Olá, galera!
No dia 24 deste mês, às 8 da noite, vamos detonar o maior agito na escola Pereira de Barros. Eu e os manos da minha sala vamos autografar uns livros de contos da hora.
Contamos com toda a galera sangue-bom do pedaço.
Valeu!

Exemplo B

Prezados Senhores:

No dia 24 deste mês, às 20 horas, os alunos dos sétimos anos do noturno irão autografar livros de contos elaborados durante o ano.

Contamos com sua presença.

Atenciosamente

Agora forme pequenos grupos e elabore um convite para o evento, usando a linguagem de acordo com o público que o receberá. Sob orientação do professor, cheguem, coletivamente, a uma versão final do texto. O texto definitivo do convite será escolhido como o oficial da classe e deverá ser reproduzido e distribuído a tempo de contar com a presença de todos os convidados nesse evento. Caprichem também no visual!

LEIA MAIS

Vá à biblioteca da escola e pesquise outros livros com contos. Você vai descobrir que existem contos populares de vários países, que pode apreciar muitos modos diferentes e incríveis de contar histórias. Também vai conhecer o jeito como as diferentes culturas expressam diversas visões de mundo. Indiquem as histórias lidas para outros alunos da turma e aproveite para atualizar o mural de sugestões de leitura.

PREPARANDO-SE PARA O PRÓXIMO CAPÍTULO

Converse com seus colegas, orientado pelo professor: qual é a diferença entre ser um herói e ser um ídolo? Faça uma pesquisa sobre o significado dessas palavras, anote em seu caderno e leia na data marcada pelo professor. Você poderá fazer descobertas curiosas...

Ilustrações: Renato Arlen

Capítulo 2 — GUERREIROS, MITOS E HERÓIS

PRÁTICA DE LEITURA

Ao longo da História, a humanidade inventou personagens extraordinárias que, em razão de determinadas virtudes e habilidades, realizaram grandes façanhas, alcançando êxito e fama.

Cada época, cada cultura cria seus próprios heróis e os adorna com características que consideram dignas de admiração. O próximo texto conta a respeito de uma guerra que começou por causa do rapto de Helena, a mulher mais bela da terra, rainha de Esparta e esposa do Rei Menelau. Ajudado por Afrodite, Páris rapta Helena e a leva para Troia. Que herói poderia resgatá-la? Descubra lendo o próximo texto.

Texto 1 – Mito

Quando Helena foi raptada, Menelau apelou a todos os reis da Grécia para que o ajudassem a resgatá-la.

Formou-se então um enorme exército, pois cada rei levou seus soldados. E todos, chefiados por Agamenon, que era irmão de Menelau, dirigiram-se a Troia para buscar Helena de volta.

Cercaram a cidade e travaram inúmeros combates, mas a guerra levou dez anos para se resolver, porque os deuses ora ajudavam os gregos, ora ajudavam os troianos.

Entre os reis gregos que sitiaram Troia estava Ulisses, o mais astuto de todos eles. Ele inventou uma artimanha espertíssima, para que finalmente os gregos vencessem os troianos.

Fez com que os gregos construíssem um enorme cavalo de madeira e no interior dele acomodaram os guerreiros mais valentes, inclusive Ulisses.

Puseram o cavalo em frente aos portões de Troia, como se fosse um presente.

Depois, começaram a se retirar, embarcando inclusive nos seus navios.

Os troianos, vendo aquilo, acreditaram que os gregos tivessem desistido da guerra e que o presente fosse uma prova disso.

O cavalo era tão grande, que não passava pelos portões da cidade. Então, embriagados com a ideia de que a guerra tinha finalmente acabado, alguns troianos resolveram derrubar uma parte da muralha para poder levar o cavalo para dentro da cidade.

Todos os troianos ficaram muito alegres. Empurraram o cavalo para dentro das muralhas, fizeram grandes festas, tomaram muito vinho, dançaram pelas ruas até que escureceu, todos ficaram muito cansados e foram dormir.

Quando tudo se acalmou, a barriga do cavalo abriu-se e os gregos foram saindo lá de dentro.

Enquanto isso, os soldados que haviam se retirado vinham voltando e entraram pela brecha que os próprios troianos tinham feito na muralha.

Num instante, os gregos já tinham se espalhado pela cidade, já tinham matado os soldados troianos que encontraram e, até que os habitantes da cidade se dessem conta do que estava acontecendo, eles já estavam no palácio real e já tinham aprisionado o rei, a rainha, os príncipes e as princesas.

Helena foi levada de volta a Esparta e cada um dos combatentes gregos voltou para sua terra.

Ruth Rocha. *Ruth Rocha conta a Odisseia*. São Paulo: Cia. das Letrinhas, 2000.

A procissão do cavalo de Tróia, pintura de Giovanni Domenico Tiepolo., 1727–1804.

Por dentro do texto

1. Os mitos são histórias em que seres com poderes extraordinários, como as divindades ou os deuses, interferem no destino do universo e dos homens. A história que você acabou de ler apresenta essa característica? Explique sua resposta.

   _____

2. Qual é a consequência dessa interferência divina?

   _____

3. Quem é o herói da história?

   _____

   - Que características esse herói apresenta para derrotar o inimigo? Identifique-as dentre as relacionadas abaixo e justifique sua escolha de acordo com a história que você leu.

astúcia	valentia	habilidade	liderança

   _____
   _____
   _____

206

4 Quem tem maior destaque: o herói Ulisses ou os deuses? Por que você acha que isso acontece?

_____

_____

_____

Texto e construção

Leia esta explicação, retirada do livro de Ruth Rocha, e responda às questões que seguem.

> A *Odisseia* é a história da volta de Ulisses, o mais astuto de todos os gregos, para sua ilha de Ítaca, onde era rei.
>
> Ulisses é o nome romano do nosso herói. Na Grécia ele é chamado de Odisseu. Por isso essa história é chamada de Odisseia.
>
> Ruth Rocha. *Ruth Rocha conta a Odisseia*. São Paulo: Cia. das Letrinhas, 2000.

1 Ao tentar voltar para casa, muitos são os perigos enfrentados por Ulisses: os ciclopes – monstros de um só olho –, a feiticeira Circe, Hade – deus dos mortos –, as sereias, entre outros. Mas, no final, assim como em Troia, Ulisses é vencedor. Ele é considerado o mais astuto dos gregos! Se um herói é uma personagem ornada com as qualidades valorizadas por um povo em determinada época, que características humanas você supõe que eram importantes na Grécia Antiga?

_____

2 Foi Ulisses quem imaginou a estratégia de usar o cavalo de Troia para invadir a cidade e com isso derrotou os troianos e libertou a esposa de Menelau. Depois vagou dez anos no mar, enfrentou perigos diversos, mas conseguiu vencer e voltou a Ítaca.
Assinale a alternativa que justifica de modo mais completo o fato de Ulisses ter-se tornado um mito.

☐ a) Ao cantar os feitos desse herói, o povo grego está cantando sua própria glória.

☐ b) Os gregos criaram o mito do herói Ulisses para ensinar às crianças os valores de seu povo.

☐ c) Ulisses representa as glórias de todo o povo grego, sua astúcia, coragem, liderança e ideal de justiça.

Importante saber

Ulisses é uma **personagem mitológica**. Personagens mitológicas são aquelas cujos feitos são engrandecidos e enaltecem a comunidade à qual pertencem. Entre as personagens mitológicas mais conhecidas estão Hércules, Sansão, Rei Artur, Alexandre – o grande, Joana D'Arc, Robin Hood, Ivanhoé, entre outros.

O feito heroico em geral tem caráter coletivo. O **herói** vence obstáculos difíceis e realiza grandes feitos que podem mudar o destino de um povo e trazer-lhe orgulho.

3 Observe o mapa a seguir.

Ruth Rocha. *Ruth Rocha conta a Odisseia*. São Paulo: Companhia das Letrinhas, 2000.

- Copie os fatos selecionados a seguir e relacione cada fato ao nome de um dos locais do mapa.

■ Rapto de Helena _____

■ Local da guerra _____

■ Lugar de origem de Ulisses _____

4 Leia o significado das palavras a seguir.

Glória: fama que uma pessoa obtém por feitos heroicos, grandes obras ou por suas extraordinárias qualidades.

Honra: princípio ético que leva alguém a ter uma conduta honesta, virtuosa, corajosa e que lhe permite gozar de bom conceito na sociedade.

- De acordo com o texto, é possível supor que Ulisses conquistou a glória e a honra por suas realizações na guerra de Troia? Explique sua resposta.

_____
_____
_____
_____

208

5) Veja estas figuras que representam Ulisses, Helena de Troia e os deuses Apolo e Afrodite.

Ulisses

Escultura grega da Antiguidade clássica retratando Ulisses (Odisseu).

Apolo

Leocarés. *Apolo Belvedere*. c. 300 a.C. Mármore, 2,28 m.

Helena de Troia

Evelyn De Morgan. *Helena de Troia*. 1898. Óleo sobre tela, 48 × 98 cm.

Afrodite

Praxísteles. *Afrodite de Cnidos*. c. 350 a.C. Mármore, 2,16 m.

a) Existe semelhança entre deuses e humanos nas imagens exibidas?

_____
_____
_____

b) Você já ouviu a expressão popular **presente de grego**? Que relação é possível estabelecer entre essa expressão e a guerra de Troia? Explique.

_____
_____
_____
_____

REFLEXÃO SOBRE O USO DA LÍNGUA

Verbos que indicam ação.
Verbos que expressam atributos ou estado.

1 Leia as orações a seguir, observe os termos que estão em destaque e responda às questões.

I- Menelau **apelou** a todos os reis da Grécia.

II- Todos os troianos **ficaram** muito alegres.

a) Indique qual dos verbos destacados expressa uma ação do sujeito.

_____

b) Em qual das orações há um verbo que atribui um estado ou qualidade ao sujeito?

_____

Importante saber

Na primeira oração, foi usado um verbo indicando que o sujeito executou uma ação. Essa ação foi do rei Menelau com relação aos reis da Grécia devido à situação colocada no começo do texto.

Já na segunda oração, o verbo foi usado para expressar de que maneira os troianos (sujeito) se encontravam, em um dado momento, diante de um fato (muito alegres).

Perceba que a função desses verbos é diferente nas duas situações apresentadas no texto. Então podemos dizer que há:

- verbos que indicam ação.

- verbos que expressam atributos ou estado do sujeito.

Aplicando conhecimentos

1 Releia estas orações do texto e classifique os verbos, comentando de acordo com o contexto da história.

a) Ele inventou uma artimanha espertíssima.
_____
_____

b) Todos ficaram muito cansados.
_____
_____

c) Cada um dos combatentes gregos voltou para sua terra.
_____
_____

2 No quadro, encaixe as orações de acordo com a classificação dos verbos.

I- Os gregos **aprisionaram** o rei troiano.

II- Eles **são** os mais astutos.

III- Minha mãe **ficou** indignada.

IV- O meu avô **contou** uma história mitológica.

V- Helena **continuou** firme.

VI- Eu não **irei** à guerra.

VII- Eles **armaram** uma emboscada.

VIII- Mãe **é** mãe.

IX- Todos **foram** embora.

VERBOS QUE INDICAM AÇÃO	VERBOS QUE EXPRESSAM ATRIBUTOS OU ESTADO

211

3 Encaixe nas frases verbos que expressem ação, atributo ou estado do sujeito, conforme as orientações entre parênteses.

a) Ela _____ charmosa e inteligente, mas muito mimada. (atributo)

b) Os amigos _____ alegres, animados e cheios de esperança. (estado)

c) O grupo dos jogadores vai _____ às nove horas da manhã. (ação)

e) O menino pulou o portão, caiu do outro lado e se _____ bastante. (ação)

f) Quem sabe se ela não _____ o seu convite? (ação)

g) Esse jogo _____ o mais legal que eu já vi. (atributo)

h) Preparou-se para o jogo de basquete. _____ mais preparado do que nunca! (estado)

PRÁTICA DE LEITURA

Texto 2 – Romance (fragmento)

Antes de ler

1. Leia as palavras-chave destacadas no texto e responda: o assunto da próxima narrativa está relacionado com as histórias que lemos até aqui e o título deste capítulo? Como você percebeu isso?

O leão, a feiticeira e o guarda-roupa

[Esta história se passa em Nárnia, uma terra fantástica. Nossos heróis são cavaleiros que, com o leão Aslam, rei de Nárnia, combatem uma poderosa guerreira feiticeira.]

[...] Aslam bateu as patas e pediu silêncio.

– A nossa tarefa do dia ainda não acabou. Se quisermos derrotar para sempre a feiticeira antes de anoitecer, teremos de encontrar já, já o **campo da batalha**.

– E espero poder travá-la, senhor! – falou centauro maior.

– Evidente, concordou Aslam. – Avante! Os que não podem acompanhar a marcha (crianças, anões e bichos menores) vão às costas dos outros (leões, **centauros**, **unicórnios**, **cavalos**, **gigantes** e **águias**). Nós, os leões, vamos na vanguarda, e os que têm o faro apurado vão conosco, ajudando a localizar o campo de batalha. Depressa! Todos a postos! [...]

212

Quando estavam todos prontos (foi um grande cão de guarda que ajudou o rei a colocá-los em forma), saíram pela abertura feita na muralha.

A princípio, os leões e os cães iam farejando em todas as direções, até que de repente um cão encontrou um rasto e soltou um latido. Não perderam mais tempo. Cães, leões, lobos e outros animais partiram a toda a velocidade, de nariz no chão, enquanto os outros, coitados, em fila quilométrica, iam seguindo como podiam.

Cena do filme *As Crônicas de Nárnia*: O leão, a feiticeira e o guarda-roupa. (Direção de Andrew Adomson, 2005, Disney/Buena Vista, EUA)

O barulho lembrava uma caça à raposa, só que era muito maior. Rugia o leão e, mais aterrador, rugia Aslam. A velocidade aumentava à medida que o rasto se acentuava. Ao chegarem à última curva, num vale estreito e sinuoso, Lúcia ouviu um ruído que dominava todos os outros: um ruído que a fez estremecer por dentro. Eram gritos e uivos e o choque de metal contra metal.

Ao saírem do vale, viu logo do que se tratava. Pedro, Edmundo e todo o resto do exército de Aslam lutavam desesperadamente contra uma imundície de gente, seres hediondos como os da véspera. À luz do dia, eram ainda mais estranhos, mais malignos e monstruosos. E pareciam mais numerosos.

O exército de Pedro – de costas para ela – parecia uma brincadeira. E havia estátuas espalhadas por todo o campo de batalha: a feiticeira certamente usara sua varinha [que transfomara as pessoas em estátuas de pedra]. Mas agora ela lutava com o grande facão de pedra. E era com Pedro que lutava, os dois com tal fúria que Lúcia mal conseguia ver o que se passava. Só via o facão e a espada cruzarem-se com grande rapidez como se fossem três facões e três espadas. Os dois estavam no meio exato do campo de batalha. De um lado e outro, as fileiras dos combatentes. Não havia lugar onde os olhos não vissem coisas de arrepiar.

– Desçam do "cavalo", meninas! – gritou Aslam.

Com um rugido que fez tremer a terra de Nárnia, do lampião às praias do Mar Oriental, o gigantesco bicho atirou-se à feiticeira. Lúcia viu, por um instante, a feiticeira fitando o Leão, cheia de medo. E logo a seguir os dois rolaram pelo chão. Ao mesmo tempo, os animais **guerreiros** (libertados por Aslam) caíram como loucos sobre o inimigo. Os anões lutavam com machados; os cães, com os dentes; Rumbacatamau, com seu enorme **cajado** (sem falar nos pés que esmagavam dezenas de inimigos); os unicórnios com os chifres; os centauros, com as espadas e os cascos. O **exausto** exército de Pedro **exultou** com o reforço. Os inimigos **guincharam**. E foi um **estrépito** no bosque.

Alguns minutos depois, a batalha terminava. A maior parte do **inimigo** fora **destroçada** por Aslam e seus companheiros. Os outros, vendo a **feiticeira** morta, renderam-

213

-se ou fugiram em debandada. Lúcia viu, então, Pedro e Aslam apertarem-se as mãos. Inacreditável o ar que Pedro tinha agora: face pálida e grave, um ar muito mais velho.

Foi tudo obra do Edmundo, Aslam! – disse Pedro. Se não fosse ele, estávamos derrotados. A feiticeira ia **petrificando** as nossas tropas. Nada havia que a detivesse. [...] Ele teve o bom senso de arrebentar a vara mágica com a espada, em vez de atacar diretamente a feiticeira. Edmundo está muito ferido. Vamos procurá-lo.

Encontraram Edmundo num lugar um pouco afastado da linha de combate, entregue aos cuidados da Sra. Castor. Estava coberto de sangue, de boca aberta, verde, verde.

– Depressa, Lúcia! – gritou Aslam.

Só então, pela primeira vez, Lúcia se lembrou do licor precioso que recebera de presente de Natal. Suas mãos tremiam tanto que mal conseguia abrir o vidrinho. Tirou a rolha e deixou cair umas gotas nos lábios do irmão.

– Há outros feridos, disse Aslam, enquanto ela continuava com os olhos ansiosamente cravados no rosto pálido de Edmundo, muito desconfiada do efeito do licor.

– Sei disso – respondeu Lúcia, impaciente. – Daqui a um pouquinho eu vou.

– Filha de Eva, disse Aslam, a voz mais severa. – Tem gente morrendo. Quer que morram por causa de Edmundo?!

– Desculpe, Aslam.

Durante meia hora, os dois não tiveram mãos a medir; ela tratava dos feridos, ele restituía a vida aos mortos, isto é, às estátuas.

Edmundo, quando Lúcia pôde voltar até ele, estava de pé, não só curado dos ferimentos, mas com uma aparência muito melhor do que antes. Com uma aparência melhor até do que no tempo em que entrou para a escola e começou a seguir pelo mau caminho. Agora não, já podia olhar as pessoas de frente. Por isso mesmo, foi armado cavaleiro, em pleno campo de batalha.

C. S. Lewis. "O leão, a feiticeira e o guarda-roupa".
In: *As crônicas de Nárnia*. São Paulo: Martins Fontes, 2005.

Por dentro do texto

1 Qual era o desafio que o grupo de Aslam deveria enfrentar?

_____

2 Para conseguir esse objetivo, era necessário antes de tudo vencer um primeiro obstáculo. Qual era ele? E por que ele era tão importante? O que era imediatamente necessário para que se conseguisse isso?

_____
_____

3 Releia o trecho a seguir, prestando atenção às expressões grifadas.

> [...] Aslam bateu as patas e pediu silêncio.
> – A nossa tarefa **do dia** ainda não acabou. Se quisermos derrotar **para sempre** a feiticeira **antes de anoitecer**, teremos de encontrar **já**, **já** o campo da batalha.

- Observe a presença de alguns marcadores temporais no texto. Qual é a importância deles na fala de Aslam e para a continuidade dos acontecimentos da história?

_____
_____
_____

4 Qual foi a primeira imagem que Lúcia viu no campo de batalha?

_____
_____

5 Qual era a situação do exército antes da chegada de Aslam?

_____
_____

6 O que significou a chegada de Aslam e do grupo que o acompanhava para seu exército?

_____
_____

7 Qual era a arma mais importante do exército inimigo? Reescreva um trecho do texto que comprove sua resposta.

_____
_____

8 Quem foi astuto e perspicaz para neutralizar a principal vantagem do inimigo? De que forma fez isso?

_____
_____

9 Edmundo conseguiu um feito característico de um herói? Por quê?

_____
_____
_____

10 Transcreva do texto o trecho em que Edmundo é premiado pelo feito heroico.

_____

11 No texto, há a presença de dois elementos mágicos. Identifique-os e comente sua importância para o desfecho da história.

_____
_____
_____

Texto e construção

1 O narrador descreve o clima de suspense e pavor em que se encontra Lúcia quando está prestes a ver o campo de batalha. Identifique e sublinhe no texto o momento em que isso ocorre.

2 Há uma frase, no texto, que resume todo o clima de horror da batalha. Qual é ela?

_____

3 O texto "O leão, a feiticeira e o guarda-roupa" faz parte de um livro chamado *As crônicas de Nárnia*. Você já estudou as características principais desse gênero textual. O texto lido trata de fatos do nosso cotidiano, ou narra uma história de ficção? Justifique sua resposta.

_____
_____

Importante saber

O livro *As crônicas de Nárnia* não trata de fatos presentes em nosso cotidiano, acontecimentos do mundo real, mas do cotidiano de um mundo fictício, repleto de personagens fantásticas, apresentando elementos do conto maravilhoso, como guerreiros, heróis, batalhas, varinhas e poções mágicas.

As diversas crônicas de Nárnia, escritas por C. S. Lewis, são histórias longas, divididas em capítulos, com estrutura semelhante à de um **romance**, que em nada lembra a crônica jornalística.

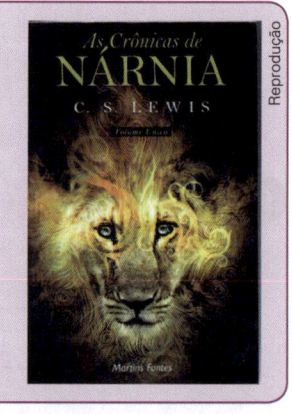

216

4 Quais são os elementos do conto maravilhoso e das narrativas mitológicas presentes no texto?

___

> **Importante saber**
>
> O teórico Joseph Campbell, em seu livro *Heróis de mil faces*, apresenta 12 passos do herói que costumam aparecer nas narrativas. Conheça-os.
> 1. O herói é apresentado em seu dia a dia, em seu mundo comum.
> 2. O herói é chamado à aventura, ou seja, sua rotina é alterada por um acontecimento inesperado, incomum.
> 3. O herói reluta em se envolver no problema.
> 4. O herói encontra um mentor ou se depara com uma situação que o force a tomar a decisão de atuar.
> 5. Travessia do umbral – o herói ingressa num mundo novo.
> 6. O herói passa por provações, testes, recebe ajuda e confronta inimigos.
> 7. O herói se aproxima de seu objetivo, o nível da tensão da narrativa aumenta e ainda não há uma definição do problema enfrentado por ele.
> 8. O herói enfrenta a provação mais difícil.
> 9. O herói conquista a recompensa.
> 10. O herói retorna ao mundo de origem.
> 11. O herói enfrenta uma nova trama, que não foi resolvida anteriormente.
> 12. Desfecho da narrativa. O herói não é mais o mesmo – volta ao seu mundo transformado.
>
> **Atenção!** Nem sempre esses passos aparecem todos em uma única história. É comum aparecerem apenas alguns deles.

5 Releia o diálogo entre Aslam e Lúcia.

> Há outros feridos, disse Aslam, enquanto ela continuava com os olhos ansiosamente cravados no rosto pálido de Edmundo, muito desconfiada do efeito do licor.
>
> – Sei disso – respondeu Lúcia, impaciente. – Daqui a um pouquinho eu vou.
>
> – Filha de Eva, disse Aslam, a voz mais severa. – Tem gente morrendo. Quer que morram por causa de Edmundo?!
>
> Durante meia hora, os dois não tiveram mãos a medir; ela tratava dos feridos, ele restituía a vida aos mortos, isto é, às estátuas.

- O que Aslam exige de Lúcia é uma atitude heroica. Explique por quê.

217

REFLEXÃO SOBRE O USO DA LÍNGUA

Verbos de elocução

No texto "O leão, a feiticeira e o guarda-roupa", a voz do narrador ocupa várias posições. Veja uma delas.

> "– Há outros feridos – disse Aslam[...]"

A voz do narrador se encontra no final da comunicação. Já, no exemplo a seguir, a voz do narrador vem antes. Observe.

> "Aslam bateu as patas e pediu silêncio.
> – A nossa tarefa do dia ainda não acabou."

Observe uma terceira posição do narrador. Desta vez sua fala intercala a fala da personagem.

> "– Filha de Eva – disse Aslam, a voz mais severa. – Tem gente morrendo."

1 Agora observe estas falas.

> "– Depressa, Lúcia! – gritou Aslam."
> "– Desçam do cavalo, meninas! – cochichou Aslam."

a) Que verbos usados pelo narrador estão se referindo à maneira como falam as personagens?

_____

b) Se você substituísse esses verbos por **disse** ou **falou**, haveria alteração no sentido das frases? Explique sua resposta.

_____

Importante saber

Os verbos usados pelo narrador para expressar a maneira como as personagens falam são chamados de **verbos de elocução** ou *verbos dicendi*.

Ao escrever um diálogo, procure variar o emprego desses verbos a fim de dar maior precisão à ideia que deseja transmitir, ou seja, para ser o mais fiel possível ao que desejou expressar. Veja mais alguns exemplos de verbos de elocução.

dizer	falar	observar	esclarecer	indagar
perguntar	aconselhar	notar	recomendar	afirmar
ordenar	retrucar	interferir	emendar	gritar
completar	atalhar	interromper	interpelar	explicar
confirmar	acrescentar	murmurar	sussurrar	resmungar

218

Aplicando conhecimentos

1 Leia com atenção o trecho do mito grego "Eco e Narciso", reproduzido a seguir. Depois, escreva os verbos do quadro que melhor se encaixam nos espaços em branco.

- É possível empregar o mesmo verbo mais de uma vez. Eles estão no infinitivo; cabe a você flexioná-los, se necessário.

repetir	chamar	perguntar
gritar	desistir	responder

[...] Um dia, o belo Narciso estava passeando no bosque com uns amigos, mas se perdeu do grupo e não conseguiu encontrá-los. Começou a _____:

– Tem alguém aqui?

Era a chance da ninfa! E ela logo _____, ainda escondida:

– Aqui! Aqui!

Espantado, Narciso olhou em volta e não viu ninguém. _____:

– Vem cá!

Ela _____:

– Vem cá! Vem cá!

Não vendo ninguém, ele _____:

– Por que você me evita?

– Por que você me evita? – foi a única resposta que ouviu.

O rapaz não _____:

– Vamos nos encontrar...

Toda feliz, Eco saiu do meio das árvores e correu para abraçá-lo, _____ _____:

– Vamos nos encontrar...

Mas ele fugiu dela, _____:

– Pare com isso! Prefiro morrer a deixar que você me toque!

A pobre Eco só podia _____:

– Que você me toque... que você me toque...

E saiu correndo, triste e envergonhada, para se esconder no fundo de uma caverna. Sofreu tanto com essa dor de amor que foi emagrecendo, definhando, até perder o corpo, desaparecer por completo e ficar reduzida apenas a uma voz, repetindo as palavras dos outros – isso que nós chamamos de eco. [...]

Ana Maria Machado (Org.) *O tesouro das virtudes para criança 2*. Rio de Janeiro: Nova Fronteira, 2000.

2 O diálogo a seguir mostra o momento em que Ulisses desafia o **Ciclope** após ter furado seu único olho. Reescreva os diálogos, no seu caderno, substituindo o símbolo ☆ por uma possível fala do narrador.

> [...] Só que Ulisses ainda não estava contente.
>
> Queria que o Ciclope soubesse quem é que o tinha ferido. Embora os homens tentassem dissuadi-lo de fazer isso, ele ainda gritou:
>
> – Ciclope – ☆ –, se alguém perguntar a causa de sua cegueira, diga que o culpado foi Ulisses, o saqueador de cidades! Ulisses, filho de Laertes, querem sua casa em Ítaca.
>
> O gigante respondeu, fingindo-se de arrependido:
>
> – Pobre de mim! – ☆. – Cumpriu-se a antiga **profecia** segundo a qual eu perderia a visão por culpa de Ulisses. Mas volte, Ulisses, que eu lhe darei muitos presentes e recomendarei a Poseidon, meu pai, que o reconduza à sua terra.
>
> Ruth Rocha. *Ruth Rocha conta a Odisseia*. São Paulo: Cia. das Letrinhas, 2000.

DE OLHO NA ESCRITA

1 Copie o trecho a seguir em seu caderno e substitua o símbolo ☆ por uma das seguintes formas do verbo: **poder**, **pode** ou **pôde**. E justifique sua escolha.

> Edmundo, quando Lúcia ☆ voltar até ele, estava de pé, não só curado dos ferimentos, mas com uma aparência muito melhor do que antes.

2 Agora leia outro trecho.

> Nós, os leões, vamos na vanguarda, e os que têm o faro apurado vão conosco, ajudando a localizar o campo de batalha.

• Por que há o uso do acento circunflexo na palavra **têm**?

Importante saber

Na língua portuguesa, há um acento diferencial de timbre, o circunflexo, que foi empregado na palavra **pôde** e serviu para indicar o tempo verbal.

Veja a diferença.

Lúcia **pode** voltar até ele. (presente)

Lúcia **pôde** voltar até ele. (passado)

> O acento circunflexo também serve para diferenciar a forma plural da forma singular do verbo **ter**:
>
> Ele **tem** – Eles **têm**.
>
> Ele **vem** – Eles **vêm**.
>
> Veja alguns verbos em que isso acontece.
>
> **Verbo manter:** Ele **mantém** – Eles **mantêm**.
>
> **Verbo convir:** Ele **convém** – Eles **convêm**.
>
> **Verbo deter:** Ele **detém** – Eles **detêm**.
>
> **Verbo intervir:** Ele **intervém** – Eles **intervêm**.

3 Leia as frases a seguir e, no seu caderno, corrija aquelas em que a grafia do verbo destacado está errada.

a) Quando acabou a festa, ele **pode** chorar a sua perda.

b) Eles **mantém** a mesma opinião.

c) Quem pode, **pode**; quem não pode se sacode.

d) Maria **têm** muita força de vontade.

e) Carol e Pedro **vem** passar as férias em minha casa.

f) Ninguém **contém** os alunos após o sinal do recreio.

g) Departamento médico **retém** alguns jogadores lesionados.

h) O Banco Central **intervêm** no mercado e dólar cai.

i) A chuva **advêm** repentinamente no verão.

4 Complete os espaços com as formas corretas dos verbos de acordo com o contexto de cada trecho a seguir.

a) Meu pai só _____ em nossas discussões quando o negócio esquenta. (intervir)

b) Os textos _____ erros ou não? (conter)

c) Os problemas do meio ambiente _____ da falta de compromisso com a vida do planeta.

d) Aquelas atitudes não _____ para um estudante. (convir)

221

e) Como aquele rapaz _____ dizer, naquela palestra do ano passado, que esses produtos não _____ conservantes? (poder/conter)

f) Os médicos _____ falar sobre os alimentos que _____ líquidos. (vir/reter)

g) Apesar de tudo, o técnico _____ os jogadores no time; mas será que estes _____ o mesmo ritmo de jogo? (manter/manter)

h) Os corruptos _____ o poder sem, no entanto, considerar que o povo _____ o poder do voto. (deter/ter)

i) Mesmo considerando que os garotos _____ o direito de retirá-lo do grupo, não sei se _____ fazê-lo. (ter/convir)

j) Júlio me disse que, às vezes, _____ dúvida: se ele _____ ou deve votar, já que a população não _____ votar durante a ditadura militar. (ter/poder/poder)

PRODUÇÃO DE TEXTO

Você vai ler o trecho de uma história, recontada por Ganymédes José para jovens de sua idade, chamada *Os doze trabalhos de Hércules*. Na versão dele, há personagens do presente envolvidas com um herói do passado. O trecho relata o momento em que Pedrusco e Corujinha vão auxiliar Hércules em seu segundo trabalho: matar a Hidra de Lerna, um monstro de sete cabeças.

Hércules

Lerna ficava na fronteira da Argólida e da Lacônia. Era uma região pantanosa e não muito distante da Argólida. À medida que o carro dirigido por Iolau avançava, Corujinha e Pedrusco notavam que a paisagem ia mudando devagar, pois o verde ia sendo substituído por terra seca, crestada, porque fazia algum tempo que ali não chovia.

— Qual será o seu trabalho desta vez, Hércules? – perguntou Pedrusco através da tradução de Corujinha.

— Matar a Hidra de Lerna – respondeu o herói pensativo.

— Hidra? O que é hidra?

— Serpente do mar, serpente de água doce que devora peixes miúdos – respondeu Iolau. – Porém a Hidra de Lerna não é uma serpente comum. Ao contrá-

222

rio, irmã do leão da Nemeia e de outros monstros, tem corpo de leão e nove horríveis cabeças de serpente. Seu hálito é **pestilento** e, se alguém respirá-lo, cai morto. Muitos heróis já morreram na tentativa de eliminar o monstro. Um simples risco de seu dente pode trazer a morte em poucos segundos.

– Nossa! – exclamou Corujinha. – E como você vai fazer, Hércules, para evitar isso? Imagine só se elas encostarem o dente em sua pele!

– Você, **emissária** de Atena, é quem deve dar uma sugestão para que o monstro não me destrua – respondeu o herói. – O que devo fazer?

Corujinha ficou com uma cara! Como podia saber qual o modo de evitar que os dentes do ilustre e desconhecido **bicharoco** envenenassem Hércules? Então, mais que depressa, pediu ajuda a Pedrusco. O garoto nem pensou duas vezes:

– Se a pele do leão da Nemeia era **intrespassável** por flechas, decerto os dentes da hidra não conseguirão perfurá-la. Portanto, que Hércules use a pele como um escudo! Afinal, a pele está aí na **biga**, não está?

No momento em que Corujinha transmitiu a sugestão, Hércules fez ar de espanto. Olhando incrédulo para o rapaz, perguntou:

– Por acaso o príncipe Japonhol também é emissário de Atena?

Em seguida, Hércules se vestiu com a pele e pôs o crânio do leão na cabeça como se fosse um capacete. Ficou uma figura **sinistríssima**, impressionante, os dentes agudos do leão aparecendo sobre a testa. Corujinha comentou:

– Acho que só de ver isso a hidra já vai cair morta de medo!

A biga continuou a viagem através da planície onde os **arbustos** secos pareciam braços agonizantes. Quando avistaram os pântanos, os cavalos pararam relinchantes e, certamente, sentindo o cheiro do monstro, não quiseram prosseguir. Tiveram os quatro de ir a pé.

– Cuidado! – recomendou Iolau. – A hidra vive no brejo, mas pode ser que esteja dando uns passeios por aí.

O lugar era impressionante. Do pântano elevava-se uma sinistra **bruma** e, à medida que caminhavam, eles tinham a impressão de estar mergulhando em uma nuvem. Corujinha olhava de um lado, olhava de outro. Morria de medo que, de repente, o monstro atacasse saindo de trás de algum lugar. Pedrusco nem abria a boca, tão apavorado estava.

Procuraram que procuraram e nem sinal da hidra. De repente, Iolau avistou uma fonte, ao lado da qual havia uma verdejante moita de capim.

– Aposto que o ninho dela é lá – cochichou.

Tirando setas da seteira, Hércules amarrou-lhe ramos secos, ateou fogo e disparou várias naquela direção, botando fogo no capinzal ao redor da fonte. Ergueu-se uma fumaça ardida e, de repente, todos viram algo monstruoso, incrível, impressionante elevar-se. Eram nove cabeças maiores do que de jiboias que emitiam **silvos** agudos, de protesto, e os olhos brilhantes procuravam, ferozes, o responsável por aquele **ultraje**. Das bocas vermelhas pingava uma baba pestilenta, e as línguas **bipartidas** moviam-se rápidas como chicotes no ar.

– J-Jesus! – gemeu Corujinha sentindo as pernas bambas. – Que coisa mais m-medonha!

Empunhando a espada, Hércules partiu ao encontro do monstro, que também avançou em sua direção.

O herói não pestanejou e, com um golpe, **decepou** uma das cabeças do monstro. A hidra lançou um uivo sinistro de dor, e as outras cabeças tentaram mordê-lo. Mas, quando mordeu a pele duríssima do leão, a hidra fez cara de tonta e ficou ainda mais furiosa porque o atacante não tombou morto. Foi então que Hércules viu, espantado, que do lugar onde cortava uma cabeça brotavam duas! Portanto, quanto mais ele cortasse, tantas mais nasceriam. E agora?

Furiosíssima, a hidra tentou enrolar a cauda na perna de Hércules para derrubá-lo. Lá do Olimpo, Hera assistia à luta e dava pulinhos, torcendo pela hidra, lógico. De repente, teve uma sinistra ideia: fez sair do pântano um gigantesco caranguejo que picou o pé do herói. Hércules estremeceu, pensando que se tratasse de uma das presas da hidra. Mas quando viu que era apenas um simples caranguejo, cujo objetivo era distraí-lo, para que a hidra o pudesse pegar descuidado, Hércules despedaçou o caranguejo com três rápidos golpes de espada. Hera parou de achar engraçado, apanhou os pedacinhos do infeliz, emendou-os e colocou o crustáceo no céu, assim nascendo a constelação de Câncer.

Pouco a pouco, Hércules e a hidra começaram a ficar cansados. Por isso, ele pediu aos amigos que dessem um jeito de encontrar uma saída para impedir a brota das novas cabeças do monstro. Iolau olhou súplice para a menina.

— Ih, esse negócio de ser a mensageira de Atena já está me enchendo! — queixou-se ela em português. — Me pedem cada coisa! Como é que eu vou saber como fazer parar de nascer novas cabeças nesse bicharoco?

Hércules já estava dando mostras de exaustão, quando Corujinha pensou em voz alta:

— Lá no sítio, quando a gente é picada por cobra, eles botam fogo, põem uma brasa pra queimar no lugar da mordida. Iolau, experimente acender uma tocha e meta fogo no pescoço da distinta, assim que Hércules cortar uma cabeça.

Mais do que depressa, Iolau acendeu a tocha e foi ajudar o herói. Com um golpe, Hércules cortou uma das cabeças, e Iolau encostou o fogo. Ouviu-se um chiado, a hidra silvou de dor, mas o sangue parou de sair e não brotou cabeça alguma.

— Que nojo esse cheiro de churrasquinho de hidra! — falou Pedrusco cuspindo de lado.

Assim, Hércules conseguiu cortar todas as cabeças. A última, imortal, mesmo apesar de cortada, continuou viva, sinistra e ameaçadora. Foi preciso que ele e Iolau cavassem um buraco profundo, onde a enterraram. Depois, cobriram com terra socada e puseram uma pesadíssima pedra em cima. Terminado o trabalho, Hércules mergulhou as setas na barriga venenosa do bicho, assim conseguindo as setas mais mortais do mundo.

Transpirante, cansado, porém feliz da vida, Hércules pegou as oito cabeças mortas, fechou-as em um saco e foi até a biga.

— Vamos para Micenas — disse, tirando a pele do leão.

— Quero só ver a cara de Euristeu quando souber que o segundo trabalho já foi realizado.

Rindo, os quatro subiram na biga e deixaram para trás o silencioso pântano de Lerna, agora livre para sempre daquela terrível fera pestilenta.

Ganymédes José. *Os doze trabalhos de Hércules*. Rio de Janeiro: Ediouro, 1985.

Depois de ler a história anterior, imagine que você tem uma tarefa de escritor: produzir a história do 13º trabalho de Hércules e fazer parte de um livro que contenha todas as produções de sua turma. Cada aluno produzirá um texto com base nesta proposta: cada um inventará qual será a nova situação-problema de Hércules e como ele fará para resolvê-la. O título do livro poderá ser, por exemplo, "O 13º trabalho de Hércules segundo os autores do 7º ano".

PLANEJE SEU TEXTO

Copie no caderno os itens do quadro e responda a cada um deles como modo de planejamento. Amplie o número de itens se precisar. Verifique se cumpriu o planejado na hora de avaliar o texto.

PARA ESCREVER O TEXTO: "O 13º TRABALHO DE HÉRCULES"	
1. Qual é o público leitor do texto?	
2. Que linguagem vou empregar?	
3. Qual é a estrutura que o texto vai ter?	
4. Onde o texto vai circular?	

ORIENTAÇÕES PARA A PRODUÇÃO

1. Pense na situação-problema (conflito) da história: um trabalho difícil que Hércules teria de realizar. Seu texto deve responder às seguintes questões.
    - Que trabalho é esse?
    - Quem o encomendou?
    - O que Hércules ganhará, cumprindo essa tarefa?
2. Para escrever seu texto, retome os 12 passos do herói identificados por Joseph Campbell, apresentados neste capítulo.
3. Descreva o ambiente em que ocorrem os fatos, as reações e sentimentos das personagens, não se restringindo a narrar somente o que aconteceu.
4. Invente outros fatos, acrescente novas personagens, crie situações em que Hércules demonstre ousadia e coragem, em que os deuses e seus companheiros interfiram no conflito.
5. Crie momentos de tensão na história, construindo frases curtas, empregando reticências e muitos verbos de ação.
6. Por meio de diálogos ou pela narração de acontecimentos, caracterize Hércules como um guerreiro, referindo-se à honra e à glória da personagem.

AVALIAÇÃO E REESCRITA

Leia o texto produzido e verifique:

1. O texto apresentou as características das personagens? Descreveu traços físicos (cor, cabelos, rosto, altura) e psicológicos, considerando o caráter ou a característica destacada inicialmente?
2. Apresentou acontecimentos inusitados, fora do comum, capazes de chamar a atenção do leitor?
3. A produção apresentou os elementos que garantem a coesão e a coerência textuais?
4. Caso tenha criado diálogos entre as personagens, verifique: você variou o uso dos verbos de elocução ou empregou apenas as formas mais comuns, como **disse** e **falou**?
5. O texto apresentou alguns dos passos do herói sugeridos por Joseph Campbell?

Após revisar o texto, combine com a turma e o professor os procedimentos para o texto ser passado a limpo.

- Tipo de papel que comporá o livro e a capa.
- Escolha da capa (definição da ilustração e materiais empregados para sua confecção).
- Criação de uma contracapa contendo a apresentação do livro (texto coletivo).

Combine também como o material circulará entre os leitores. Uma sugestão é que os sétimos anos troquem os livros entre as classes e que as histórias de todas as turmas sejam lidas por todos.

Boa produção! Boa troca de histórias!

LEIA MAIS

Vá à biblioteca da escola ou a outra biblioteca de sua cidade e procure mais livros sobre mitologia grega, nórdica, africana etc. Você também pode pesquisar da internet. Leia outras histórias de heróis da mitologia e descubra de que maneira os deuses são descritos e como suas histórias são narradas nas várias culturas.

Conheça também alguns mitos de origem: narrativas em que se busca explicar figurativamente a origem de um fenômeno, um ser, um alimento, um sentimento ou comportamento humano, um elemento da natureza etc. Você vai perceber que, além das diferenças, também há elementos comuns nesse modo de narrar essas origens.

Apêndice

1. SUBSTANTIVO

Classificação

Substantivo comum

A **mãe** do Menino Maluquinho comprou **flores**.

Precisamos comer **peixe**.

Você me emprestaria seu **lápis**?

A **novela** ontem foi interessante.

O **perfume** era muito caro.

Substantivo próprio

O **Menino Maluquinho** tem seu próprio estilo.

São Paulo localiza-se na Região **Sudeste**.

A revista **Veja** é uma das revistas mais lidas do **Brasil**.

Português é uma disciplina muito importante.

A **Bienal Internacional do Livro** reúne importantes escritores.

Substantivo primitivo

Os **garotos** estão agitados.

A **porta** fechou sozinha.

O **pão** está quentinho.

Não fiz a **barba** hoje.

O **amor** modifica as **pessoas**.

Substantivo derivado

A **garotada** está agitada.

O **porteiro** não estava na **portaria** do prédio.

O **padeiro** não abriu a **padaria** hoje.

O **barbeiro** conversava com seu amigo na **barbearia**.

Meu **amorzinho** viajou.

Substantivo simples

Quebrei meu **pé**.

Minha **flor** favorita é a **margarida**.

O **mapa** está no **armário**.

A **feira** estava cara hoje.

Não sinto mais **dor** no braço.

Substantivo composto

Plantei um **amor-perfeito**.

O **beija-flor** é um lindo pássaro.

Não encontrei meu **mapa-múndi**.

Quarta-feira tem jogo do Brasil.

Valdemar perdeu o **guarda-chuva**.

Substantivo coletivo

O **álbum** do casamento ficou pronto.

Usaremos a **baixela** de prata.

O **júri** decidirá hoje a sentença do réu.

Houve um incêndio na **floresta**.

Recebemos um lindo **buquê**.

PRINCIPAIS COLETIVOS	
álbum: de fotografias	**cavalaria:** de cavalos
alcateia: de lobos	**clero:** de padres
arquipélago: de ilhas	**código:** de leis
assembleia: de deputados, senadores, professores	**constelação:** de estrelas
batalhão: de soldados	**cordilheira, serra:** de montanhas
biblioteca: de livros	**coro:** de vozes
boiada: de bois	**década:** período de dez anos
bosque, mata, floresta: de árvores	**discoteca:** de discos
cacho: de bananas, cabelos	**elenco:** de atores, artistas
cáfila: de camelos	**enxame:** de abelhas
canteiro: de verduras, flores	**esquadrilha:** de aviões
caravana: de viajantes	**fauna:** de animais de uma região
catálogo: de livros, revistas	**flora:** de plantas de uma região
	gado: de bois, vacas

júri: de jurados	**ramalhete:** de flores
manada: de elefantes, bois, porcos	**rebanho:** de ovelhas, carneiros, bois
matilha: de cães	**réstia:** de alhos, de cebolas
milênio: período de mil anos	**século:** período de cem anos
molho: de chaves	**time:** de jogadores
multidão: de pessoas	**tribo:** de índios
ninhada: de ovos, pintos, filhotes	**turma:** de alunos, trabalhadores
orquestra: de músicos	**vara:** de porcos
pelotão, batalhão, tropa: de soldados	**vocabulário:** de palavras
penca: de frutas, flores	

Flexão dos substantivos

Os substantivos se flexionam em gênero, número e grau.

1. Gênero

São dois: masculino e feminino.

Masculino – quando usamos antes do substantivo os artigos: **o/os, um/uns**.

O lápis caiu.

Chegaram **os** livros.

Um dia irei à Europa.

Ganhei **uns** cadernos.

Portanto, os substantivos **lápis**, **livros**, **dia** e **cadernos** são **masculinos**.

Feminino – quando usamos antes do substantivo os artigos: **a/as, uma/umas**.

A borracha é minha.

Trouxeram **as** redações?

Uma garota ligou para você hoje.

Preciso de **umas** folhas em branco para o trabalho.

Portanto, os substantivos **borracha**, **redações**, **garota** e **folhas** são **femininos**.

Casos especiais de gênero

1. Comum de dois: sabe-se o gênero pela mudança do artigo.

   o estudante/+**a** estudante

   o chefe/**a** chefe

   o jovem/**a** jovem

   o repórter/**a** repórter

   o fã/**a** fã

2. Sobrecomum: mesma palavra para o feminino e o masculino.

a criança (mulher ou homem)
a vítima
a testemunha
o boia-fria (mulher ou homem)
o gênio
o ídolo

3. Epiceno: usam-se as palavras macho e fêmea para saber o sexo do animal.

a barata macho/a barata fêmea

a cobra macho/a cobra fêmea

a coruja macho/a coruja fêmea

o canguru macho/o canguru fêmea

o gavião macho/o gavião fêmea

o tigre macho/o tigre fêmea

Formação do feminino

Normalmente, forma-se o feminino trocando o **o** pelo **a**.

aluno/aluna, búfalo/búfala, carteiro/carteira, lobo/loba, prefeito/prefeita

Outras terminações para o feminino

-e → -a

parente/parenta, comediante/comedianta, elefante/elefanta, presidente/presidenta

-or → -ora / -triz

doutor/doutora, pastor/pastora, professor/professora, pintor/pintora
embaixador/embaixatriz (esposa), ator/atriz, imperador/imperatriz

-ão → -ã / -ona / -oa

anão/anã, cidadão/cidadã, campeão/campeã, órfão/órfã
folião/foliona, solteirão/solteirona, sabichão/sabichona, glutão/glutona
leão/leoa, pavão/pavoa/, patrão/patroa, leitão/leitoa

-e / -es → -esa

camponês/camponesa, marquês/marquesa
príncipe/princesa, duque/duquesa

-a / -e → -isa

poeta/poetisa, profeta/profetisa, sacerdote/sacerdotisa

-eu → -eia

ateu/ateia, plebeu/plebeia, pigmeu/pigmeia

Mudam completamente do masculino para o feminino

pai/mãe	genro/nora
padrinho/madrinha	padre/madre
cavalo/égua	frade/freira
cavalheiro/dama	marajá/marani
cavaleiro/amazona	rinoceronte/abada

Palavras só usadas no feminino

a alface	a cal	a preá
a dinamite	a ferrugem	a hélice
a musse	a sentinela	a mascote

Palavras só usadas no masculino

o açúcar	o alpiste	o boia-fria
o champanhe	o dó	o espécime
o milhar	o sósia	o guaraná

Palavras que mudam de sentido do masculino para o feminino

o banana – palerma	a banana – fruta
o cabeça – o chefe	a cabeça – parte do corpo humano
o caixa – funcionário	a caixa – objeto
o capital – dinheiro	a capital – cidade
o grama – medida de massa	a grama – relva
o moral – ânimo	a moral – caráter
o rádio – aparelho	a rádio – emissora

2. Número

São dois: singular e plural.

Singular: indica um substantivo apenas.

amor, cadeira, arroz, cão, mulher, criança, pastel

Plural: indica mais de um substantivo.

amores, cadeiras, arrozes, cães, mulheres, crianças, pastéis

Formação do plural

Normalmente, acrescenta-se a letra **s** ao final da palavra.

blusa/blusa**s**, garoto/garoto**s**, ponte/ponte**s**, degrau/degrau**s**, chapéu/chapéu**s**

Outras terminações para o plural

-al / -el / -il (oxítona) / -ol / -ul → -is

canal/canais, laranjal/laranjais, sinal/sinais

papel/papéis, pastel/pastéis, anel/anéis

barril/barris, cantil/cantis, funil/funis

lençol/lençóis, álcool/álcoois, sol/sóis

azul/azuis, paul/pauis (pântano/pântanos)

> **Observação**
>
> Paroxítona terminada em **-il** forma o plural em **-eis**.
>
> projétil/projéteis, réptil/répteis

Substantivos terminados em **-m → -ns**

jovem/jovens, jardim/jardins, batom/batons, atum/atuns

Substantivos terminados em **-r, -s, -z → -es**

colher/colheres, dólar/dólares, amor/amores, mulher/mulheres

ás/ases, mês/meses, gás/gases, adeus/adeuses

rapaz/rapazes, raiz/raízes, gravidez/gravidezes, arroz/arrozes

> **Observação**
>
> Paroxítona ou proparoxítona terminada em **-s** não varia.
> o ônibus/os ônibus, o pires/os pires, o tênis/os tênis, o vírus/os vírus

Substantivos terminados em **-ão → -s / -ões / -ães**.

mão/mãos, cidadão/cidadãos, grão/grãos, cristão/cristãos

limão/limões, anfitrião/anfitriões, canhão/canhões, coração/corações

pão/pães, cão/cães, capitão/capitães, tabelião/tabeliães

> **Observação**
>
> Substantivos em **-ão** que admitem mais de uma forma para o plural.
>
> | | |
> |---|---|
> | aldeão – aldeãos/aldeões/aldeães | cirurgião – cirurgiões/cirurgiães |
> | ancião – anciãos/anciões/anciães | corrimão – corrimãos/corrimões |
> | vilão – vilãos/vilões/vilães | peão – peões/peães |
> | vulcão – vulcãos/vulcões/vulcães | refrão – refrãos/refrães |
> | charlatão – charlatões/charlatães | verão – verãos/verões |

Plural dos substantivos compostos

1. As duas palavras irão para o plural.

- substantivo + substantivo:

    redator-chefe/redator**es**-chefe**s**, couve-flor/couve**s**-flor**es**

- substantivo + adjetivo:

    amor-perfeito/amor**es**-perfeito**s**, cachorro-quente/cachorro**s**-quente**s**

- adjetivo + substantivo:

    puro-sangue/puro**s**-sangue**s**, pequeno-burguês/pequeno**s**-burgues**es**

- numeral + substantivo:

    quinta-feira/quinta**s**-feira**s**, primeiro-ministro/primeiro**s**-ministro**s**

2. Apenas a primeira palavra irá para o plural.

- substantivo + preposição + substantivo.

    pé de moleque/pé**s** de moleque, arco-da-velha/arc**os**-da-velha

- a segunda palavra especifica a primeira.

    laranja-lima/laranja**s**-lima, banana-maçã/banana**s**-maçã

3. Palavras invariáveis → apenas a última palavra irá para o plural.

> **Observação**
>
> A tendência moderna é pluralizar os dois elementos:
>
> laranja**s**-lima**s**, banana**s**-maçã**s**

    beija-flor/beija-flor**es** (verbo + substantivo)
    alto-falante/alto-falante**s** (advérbio + adjetivo)
    contra-ataque/contra-ataque**s** (prefixo + substantivo)
    micro-onda/micro-onda**s** (prefixo + substantivo)

4. Diminutivo plural → faz-se o plural da palavra primitiva, colocando-se o **s** no final.

    animalzinho – anima**i**zinho**s** (anima**i(s)** + -zinho → **s** no final)
    florzinha – flor**e**zinha**s** (flor**e(s)** + -zinha → **s** no final)
    limãozinho – lim**õe**zinho**s** (lim**õe(s)** + -zinho → **s** no final)

Palavras só usadas no plural

as algemas	as bodas	as olheiras
os Alpes	as condolências	os parabéns
os Andes	os Estados Unidos	os pêsames
os arredores	as núpcias	
	os óculos	

233

3. Grau

São dois: aumentativo e diminutivo.

Aumentativo: normalmente formado pelo acréscimo das terminações **-ão**, **-ona**.

amigo – amig**ão**	mulher – mulher**ona**
gato – gat**ão**	pedra – pedr**ona**
carro – carr**ão**	casa – cas**ona**

> **Observação**
> Também se forma o grau aumentativo com o auxílio das palavras **grande**, **enorme**, **imenso** etc.
> casa – casa imensa
> pé – pé grande
> piscina – piscina enorme

Aumentativos com outras terminações

boca – boc**arra**	faca – fac**alhão**	navio – navi**arra**
cabeça – cabeç**orra**	forno – forn**alha**	prato – prat**arraz**
copo – cop**ázio**	homem – homenz**arrão**	rico – ric**aço**
cão – canz**arrão**	mão – manz**orra**	voz – voz**eirão**
corpo – corp**anzil**	nariz – narig**ão**	

Diminutivo: normalmente, é formado pelo acréscimo das terminações **-inho**, **-zinho** etc.

livro – livr**inho**	pedra – pedr**inha**	homem – homen**zinho**
casa – cas**inha**	pé – pe**zinho**	flor – flor**zinha**

> **Observação**
> Também se forma o grau diminutivo com o auxílio das palavras **pequeno**, **minúsculo**, **insignificante**.
> nariz – nariz pequeno
> lápis – lápis minúsculo
> prejuízo – prejuízo insignificante

Diminutivos com outras terminações

árvore – arvor**eta**	folha – fol**ícula**	pele – pel**ícula**
beijo – beij**ote**	gota – got**ícula**	questão – questiún**cula**
caminhão – caminhon**ete**	ilha – ilh**ota**	rio – ri**acho**
casa – cas**ebre**	nó – nód**ulo**	rua – ru**ela**
corpo – corpús**culo**	ovo – óv**ulo**	
estátua – estatu**eta**	parte – part**ícula**	

234

> **Observação**
>
> Às vezes o aumentativo e o diminutivo não exprimem o tamanho dos seres, mas apenas **carinho** ou **desprezo**.
>
> Carinho: pai – paizão / amigo – amigão
>
> amor – amorzinho / filho – filhinho
>
> Desprezo: gente – gentalha / dente – dentuça
>
> livro – livreco / lugar – lugarejo

2. ADJETIVOS

Algumas locuções adjetivas e seus adjetivos correspondentes

de açúcar – sacarino

de anjo – angelical

de aluno – discente

de astros – sideral

de boi – bovino

de cabelo – capilar

de cavalo – equino

de chuvas – pluvial

de cidade – urbano

de criança – infantil/pueril

de dedo – digital

de estômago – estomacal/gástrico

de fígado – hepático

de floresta – florestal

de garganta – gutural

de guerra – bélica

de idade – etária

de ilha – insular

de irmão – fraterno/fraternal

de lago – lacustre

de leite – lácteo

de mãe – materno/maternal

de mês – mensal

de olho – ocular

de orelha – auricular

de ouvido – auditivo

de pai – paterno/paternal

de porco – suína

de professor – docente

de rio – fluvial

de sentido – semântica

de tio/tia – avuncular

de veia – venoso

de vento – eólico

de verão – estival

sem barba – imberbe

sem cheiro – inodoro

sem sal – insípido/insossa

sem sono – insone

Flexão dos adjetivos

Os adjetivos se flexionam em gênero, número e grau.

1. Gênero

Obedece às mesmas regras do substantivo, quando adjetivos simples.

lind**o**/lind**a**, precios**o**/precios**a**, alt**o**/alt**a**, simpátic**o**/simpátic**a**, velh**o**/velh**a**

alem**ão**/alem**ã**, glut**ão**/glut**ona**, portug**uês**/portug**uesa**, at**eu**/at**eia**, jud**eu**/jud**ia**

2. Número

Obedece às mesmas regras do substantivo, quando adjetivos simples.

maravilhoso/maravilhoso**s**, pequeno/pequeno**s**, baixo/baixo**s**, novo/novo**s**, bo**m**/bo**ns**, lilás/lilas**es**, amável/amáv**eis**

Flexão dos adjetivos compostos

- apenas o último se flexiona em gênero e número.

    cabelo castanho-claro/cabelos castanho-claros

    blusa amarelo-escura/blusas amarelo-escuras

Exceções: surdo-mudo/surdos-mudos

surda-muda/surdas-mudas

saia azul-marinho/saias azul-marinho

blusa azul-celeste/blusas azul-celeste

> **Observação**
> Caso a última palavra seja um substantivo, fica invariável.
> saia vermelho-sangue/saias vermelho-sangue
> sapato verde-garrafa/sapatos verde-garrafa

3. Grau

São dois: comparativo e superlativo.

1) Comparativo

Igualdade: O sabonete é tão perfumado quanto o talco.
Superioridade: A água está mais quente que o refrigerante.
Inferioridade: Você ficou menos bronzeado que seu irmão.

> **Observação**
>
> Comparativos irregulares:
>
> "mais grande" → maior   "mais pequeno" → menor
>
> "mais bom" → melhor   "mais mau" → pior

2) Superlativo

A) Absoluto

- sintético: **-íssimo/-ílimo/-érrimo**

    Seu pai é inteligent**íssimo**.

    O exercício é fac**ílimo**.

    Você está mac**érrima**.

- analítico: **muito/extremamente/bastante**

    Seu pai é **muito** inteligente.

    O exercício é **extremamente** fácil.

    Você está **bastante** magra.

B) Relativo

- superioridade (o/a mais): Ele é o mais simpático da turma.

- inferioridade (o/a menos): Você é o menos jovem da sala.

Substantivo ou adjetivo?

A mesma palavra pode assumir mais de uma classificação, dependendo da frase (o contexto). Assim, por exemplo, uma palavra pode ser substantivo, se estiver dando nome a um ser, ou adjetivo, se estiver caracterizando o substantivo. Observe.

a) O **escuro** amedronta as crianças. (**substantivo**)

b) Um dia **escuro** traz tristeza. (**adjetivo**)

3. PRONOMES

Pronome adjetivo: acompanha o nome.

Meu carro   **Aquela** bicicleta   **Alguns** vasos

Pronome substantivo: substitui o nome.

Isto é **meu**.   **Elas** já chegaram.   **Tudo** acabou bem.

Classificação dos pronomes

Há vários tipos de pronomes.

237

Pronomes pessoais

CASO RETO	CASO OBLÍQUO
1ª pes. sing. eu	1ª pes. sing. me, mim, comigo
2ª apes. sing. tu	2ª pes. sing. te, ti, contigo
3ª apes. sing. ele/ela	3ª pes. sing. se, si, consigo, o, a, lhe
1ª apes. plural nós	1ª pes. plural nos, conosco
2ª apes. plural vós	2ª pes. plural vos, convosco
3ª apes. plural eles/elas	3ª pes. plural se, si, consigo, os, as, lhes

Observações

1. Os pronomes oblíquos **o**, **a**, **os**, **as**, quando vêm ligados a uma forma verbal terminada por **r**, **s**, **z**, assumem as formas **lo**, **la**, **los**, **las**.

   Não posso leva**r**-**o**.   →   Não posso levá-**lo**.

   Levamo**s**-**as**.   →   Levamo-**las**.

   Fi**z**-**a**.   →   Fi-**la**.

2. Quando a forma verbal termina em **-m**, **-ão**, **-õe**, recebe as formas pronominais **-no**, **-na**, **-nos**, **-nas**.

   Pegara**m**-**o**.   →   Pegara**m**-**no**.

   Contar**ão**-**os**.   →   Contar-**nos**-**ão**.

   Sup**õe**-**a**.   →   Sup**õe**-**na**.

Pronomes de tratamento

EMPREGO	PRONOME	ABREVIATURA
Reis e imperadores	Vossa Majestade	V.M. (plural: VV.MM.)
Príncipes	Vossa Alteza	V.A. (plural: VV.AA.)
Papa	Vossa Santidade	V.S.
Cardeais	Vossa Eminência	V.Em.ª (plural: VV. Em.ᵃˢ)
Altas autoridades: ministros, prefeitos, governadores...	Vossa Excelência	V.Ex.ª (plural: V.Ex.ᵃˢ)
Autoridades menores e pessoas de respeito	Vossa Senhoria	V.S.ª (plural: V.S.ᵃˢ)
Juiz	Meritíssimo	MM. ou M.ᵐᵒ
Sacerdotes e religiosos em geral	Reverendíssimo	Rev.ᵐᵒ (plural: Rev.ᵐᵒˢ)
Tratamento de respeito para as pessoas em geral	Senhor Senhora/Senhorita	sr. (plural: srs.) sr.ª (plural: sr.ᵃˢ)/sr.ᵗᵃ (plural: sr.ᵗᵃˢ)
Pessoas com quem temos mais proximidade/familiaridade	Você	v.

238

Pronomes possessivos

1ª pes. sing. meu, minha, meus, minhas	1ª pes. plural nosso, nossa, nossos, nossas
2ª pes. sing. teu, tua, teus, tuas	2ª pes. plural vosso, vossa, vossos, vossas
3ª pes. sing. seu, sua	3ª pes. plural seus, suas

Pronomes demonstrativos

este, esta, estes, estas, isto
esse, essa, esses, essas, isso
aquele, aquela, aqueles, aquelas, aquilo

Pronomes indefinidos

algum, alguma, alguns, algumas, alguém
nenhum, nenhuma, nenhuns, nenhumas, ninguém
todo, toda, todos, todas, tudo
outro, outra, outros, outras, outrem
muito, muita, muitos, muitas, nada
pouco, pouca, poucos, poucas, algo
certo, certa, certos, certas, cada

Pronomes interrogativos

que, quem, qual, quais, quanto, quanta, quantos, quantas

Pronomes relativos

o qual, a qual, os quais, as quais, que, quem
cujo, cuja, cujos, cujas
onde

4. VERBO

Modelo de conjugação dos verbos regulares e do verbo pôr

1ª conjugação: louv-**ar**
2ª conjugação: vend-**er**
3ª conjugação: part-**ir**

239

1. Indicativo

Presente

Eu louv-o	vend-o	part-o	p-onho
Tu louv-as	vend-es	part-es	p-ões
Ele louv-a	vend-e	part-e	p-õe
Nós louv-amos	vend-emos	part-imos	p-omos
Vós louv-ais	vend-eis	part-is	p-ondes
Eles louv-am	vend-em	part-em	p-õem

Pretérito imperfeito

Eu louv-ava	vend-ia	part-ia	p-unha
Tu louv-avas	vend-ias	part-ias	p-unhas
Ele louv-ava	vend-ia	part-ia	p-unha
Nós louv-ávamos	vend-íamos	part-íamos	p-únhamos
Vós louv-áveis	vend-íeis	part-íeis	p-únheis
Eles louv-avam	vend-iam	part-iam	p-unham

Pretérito perfeito

Eu louv-ei	vend-i	part-i	p-us
Tu louv-aste	vend-este	part-iste	p-useste
Ele louv-ou	vend-eu	part-iu	p-ôs
Nós louv-amos	vend-emos	part-imos	p-usemos
Vós louv-astes	vend-estes	part-istes	p-usestes
Eles louv-aram	vend-eram	part-iram	p-useram

Pretérito mais-que-perfeito

Eu louv-ara	vend-era	part-ira	p-usera
Tu louv-aras	vend-eras	part-iras	p-useras
Ele louv-ara	vend-era	part-ira	p-usera
Nós louv-áramos	vend-êramos	part-íramos	p-uséramos
Vós louv-áreis	vend-êreis	part-íreis	p-uséreis
Eles louv-aram	vend-eram	part-iram	p-useram

Futuro do presente

Eu louv-arei	vend-erei	part-irei	p-orei
Tu louv-arás	vend-erás	part-irás	p-orás
Ele louv-ará	vend-erá	part-irá	p-orá
Nós louv-aremos	vend-eremos	part-iremos	p-oremos
Vós louv-areis	vend-ereis	part-ireis	p-oreis
Eles louv-arão	vend-erão	part-irão	p-orão

Futuro do pretérito

Eu louv-aria	vend-eria	part-iria	p-oria
Tu louv-arias	vend-erias	part-irias	p-orias
Ele louv-aria	vend-eria	part-iria	p-oria
Nós louv-aríamos	vend-eríamos	part-iríamos	p-oríamos
Vós louv-aríeis	vend-eríeis	part-iríeis	p-oríeis
Eles louv-ariam	vend-eriam	part-iriam	p-oriam

2. Subjuntivo

Presente

Que...

Eu louv-e	vend-a	part-a	p-onha
Tu louv-es	vend-as	part-as	p-onhas
Ele louv-e	vend-a	part-a	p-onha
Nós louv-emos	vend-amos	part-amos	p-onhamos
Vós louv-eis	vend-ais	part-ais	p-onhais
Eles louv-em	vend-am	part-am	p-onham

Pretérito imperfeito

Se...

Eu louv-asse	vend-esse	part-isse	p-usesse
Tu louv-asses	vend-esses	part-isses	p-usesses
Ele louv-asse	vend-esse	part-isse	p-usesse
Nós louv-ássemos	vend-êssemos	part-íssemos	p-uséssemos
Vós louv-ásseis	vend-êsseis	part-ísseis	p-usésseis
Eles louv-assem	vend-essem	part-issem	p-usessem

Futuro

Quando...

Eu louv-ar	vend-er	part-ir	p-user
Tu louv-ares	vend-eres	part-ires	p-useres
Ele louv-ar	vend-er	part-ir	p-user
Nós louv-armos	vend-ermos	part-irmos	p-usermos
Vós louv-ardes	vend-erdes	part-irdes	p-userdes
Eles louv-arem	vend-erem	part-irem	p-userem

3. Formas nominais

Infinitivo impessoal

| louv-ar | vend-er | part-ir | p-ôr |

Infinitivo pessoal

louv-ar eu	vend-er eu	part-ir eu	p-ôr eu
louv-ares tu	vend-eres tu	part-ires tu	p-ores tu
louv-ar ele	vend-er ele	part-ir ele	p-ôr ele
louv-armos nós	vend-ermos nós	part-irmos nós	p-ormos nós
louv-ardes vós	vend-erdes vós	part-irdes vós	p-ordes vós
louv-arem eles	vend-erem eles	part-irem eles	p-orem eles

Gerúndio

| louv-ando | vend-endo | part-indo | p-ondo |

Particípio

| louv-ado | vend-ido | part-ido | p-osto |

Flexão de alguns verbos irregulares

1. Indicativo

Presente

DAR	CABER	DIZER	FAZER	PODER	QUERER
Eu dou	caibo	digo	faço	posso	quero
Tu dás	cabes	dizes	fazes	podes	queres
Ele dá	cabe	diz	faz	pode	quer
Nós damos	cabemos	dizemos	fazemos	podemos	queremos
Vós dais	cabeis	dizeis	fazeis	podeis	quereis
Eles dão	cabem	dizem	fazem	podem	querem

SABER	TRAZER	VER	IR	VIR
sei	trago	vejo	vou	venho
sabes	trazes	vês	vais	vens
sabe	traz	vê	vá	vem
sabemos	trazemos	vemos	vamos	vimos
sabeis	trazeis	vedes	ides	vindes
sabem	trazem	veem	vão	vêm

243

Pretérito imperfeito

DAR	CABER	DIZER	FAZER	PODER	QUERER
Eu dava	cabia	dizia	fazia	podia	queria
Tu davas	cabias	dizias	fazias	podias	querias
Ele dava	cabia	dizia	fazia	podia	queria
Nós dávamos	cabíamos	dizíamos	fazíamos	podíamos	queríamos
Vós dáveis	cabíeis	dizíeis	fazíeis	podíeis	queríeis
Eles davam	cabiam	diziam	faziam	podiam	queriam

SABER	TRAZER	VER	IR	VIR
sabia	trazia	via	ia	vinha
sabias	trazias	vias	ias	vinhas
sabia	trazia	via	ia	vinha
sabíamos	trazíamos	víamos	íamos	vínhamos
sabíeis	trazíeis	víeis	íeis	vínheis
sabiam	traziam	viam	iam	vinham

Pretérito perfeito

DAR	CABER	DIZER	FAZER	PODER	QUERER
Eu dei	coube	disse	fiz	pude	quis
Tu deste	coubeste	disseste	fizeste	pudeste	quiseste
Ele deu	coube	disse	fez	pôde	quis
Nós demos	coubemos	dissemos	fizemos	pudemos	quisemos
Vós destes	coubestes	dissestes	fizestes	pudestes	quisestes
Eles deram	couberam	disseram	fizeram	puderam	quiseram

SABER	TRAZER	VER	IR	VIR
soube	trouxe	vi	fui	vim
soubeste	trouxeste	viste	foste	vieste
soube	trouxe	viu	foi	veio
soubemos	trouxemos	vimos	fomos	viemos
soubestes	trouxestes	vistes	fostes	viestes
souberam	trouxeram	viram	foram	vieram

Pretérito mais-que-perfeito

DAR	CABER	DIZER	FAZER	PODER	QUERER
Eu dera	coubera	dissera	fizera	pudera	quisera
Tu deras	couberas	disseras	fizeras	puderas	quiseras
Ele dera	coubera	dissera	fizera	pudera	quisera
Nós déramos	coubéramos	disséramos	fizéramos	pudéramos	quiséramos
Vós déreis	coubéreis	disséreis	fizéreis	pudéreis	quiséreis
Eles deram	couberam	disseram	fizeram	puderam	quiseram

SABER	TRAZER	VER	IR	VIR
soubera	trouxera	vira	fora	viera
souberas	trouxeras	viras	foras	vieras
soubera	trouxera	vira	fora	viera
soubéramos	trouxéramos	víramos	fôramos	viéramos
soubéreis	trouxéreis	víreis	fôreis	viéreis
souberam	trouxeram	viram	foram	vieram

Futuro do presente

DAR	CABER	DIZER	FAZER	PODER	QUERER
Eu darei	caberei	direi	farei	poderei	quererei
Tu darás	caberás	dirás	farás	poderás	quererás
Ele dará	caberá	dirá	fará	poderá	quererá
Nós daremos	caberemos	diremos	faremos	poderemos	quereremos
Vós dareis	cabereis	direis	fareis	podereis	querereis
Eles darão	caberão	dirão	farão	poderão	quererão

SABER	TRAZER	VER	IR	VIR
saberei	trarei	verei	irei	virei
saberás	trarás	verás	irás	virás
saberá	trará	verá	irá	virá
saberemos	traremos	veremos	iremos	viremos
sabereis	trareis	vereis	ireis	vireis
saberão	trarão	verão	irão	virão

Futuro do pretérito

DAR	CABER	DIZER	FAZER	PODER	QUERER
Eu daria	caberia	diria	faria	poderia	quereria
Tu darias	caberias	dirias	farias	poderias	quererias
Ele daria	caberia	diria	faria	poderia	quereria
Nós daríamos	caberíamos	diríamos	faríamos	poderíamos	quereríamos
Vós daríeis	caberíeis	diríeis	faríeis	poderíeis	quereríeis
Eles dariam	caberiam	diriam	fariam	poderiam	quereriam

SABER	TRAZER	VER	IR	VIR
saberia	traria	veria	iria	viria
saberias	trarias	verias	irias	virias
saberia	traria	veria	iria	viria
saberíamos	traríamos	veríamos	iríamos	viríamos
saberíeis	traríeis	veríeis	iríeis	viríeis
saberiam	trariam	veriam	iriam	viriam

2. Subjuntivo

Presente

Que...

DAR	CABER	DIZER	FAZER	PODER	QUERER
Eu dê	caiba	diga	faça	possa	queira
Tu dês	caibas	digas	faças	possas	queiras
Ele dê	caiba	diga	faça	possa	queira
Nós demos	caibamos	digamos	façamos	possamos	queiramos
Vós deis	caibais	digais	façais	possais	queirais
Eles deem	caibam	digam	façam	possam	queiram

SABER	TRAZER	VER	IR	VIR
saiba	traga	veja	vá	venha
saibas	tragas	vejas	vás	venhas
saiba	traga	veja	vá	venha
saibamos	tragamos	vejamos	vamos	venhamos
saibais	tragais	vejais	vades	venhais
saibam	tragam	vejam	vão	venham

Pretérito imperfeito

Se...

DAR	CABER	DIZER	FAZER	PODER	QUERER
Eu desse	coubesse	dissesse	fizesse	pudesse	quisesse
Tu desses	coubesses	dissesses	fizesses	pudesses	quisesses
Ele desse	coubesse	dissesse	fizesse	pudesse	quisesse
Nós déssemos	coubéssemos	disséssemos	fizéssemos	pudéssemos	quiséssemos
Vós désseis	coubésseis	dissésseis	fizésseis	pudésseis	quisésseis
Eles dessem	coubessem	dissessem	fizessem	pudessem	quisessem

SABER	TRAZER	VER	IR	VIR
soubesse	trouxesse	visse	fosse	viesse
soubesses	trouxesses	visses	fosses	viesses
soubesse	trouxesse	visse	fosse	viesse
soubéssemos	trouxéssemos	víssemos	fôssemos	viéssemos
soubésseis	trouxésseis	vísseis	fôsseis	viésseis
soubessem	trouxessem	vissem	fossem	viessem

Futuro

Quando...

DAR	CABER	DIZER	FAZER	PODER	QUERER
Eu der	couber	disser	fizer	puder	quiser
Tu deres	couberes	disseres	fizerdes	puderes	quiseres
Ele der	couber	disser	fizer	puder	quiser
Nós dermos	coubermos	dissermos	fizermos	pudermos	quisermos
Vós derdes	couberdes	disserdes	fizerdes	puderdes	quiserdes
Eles derem	couberem	disserem	fizerem	puderem	quiserem

SABER	TRAZER	VER	IR	VIR
souber	trouxer	vir	for	vier
souberes	trouxeres	vires	fores	vieres
souber	trouxer	vir	for	vier
soubermos	trouxermos	virmos	formos	viermos
souberdes	trouxerdes	virdes	fordes	vierdes
souberem	trouxerem	virem	forem	vierem

247

3. Imperativo

Afirmativo

DAR	CABER	DIZER	FAZER	PODER	QUERER
dá tu	(não há)	dize tu	faze tu	(não há)	(não há)
dê você	(não há)	diga você	faça você	(não há)	queira você
demos nós	(não há)	digamos nós	façamos nós	(não há)	(não há)
dai vós	(não há)	dizei vós	fazei vós	(não há)	querei vós
deem vocês	(não há)	digam vocês	façam vocês	(não há)	queiram vocês

SABER	TRAZER	VER	IR	VIR
sabe tu	traze tu	vê tu	vai tu	vem tu
saiba você	traga você	veja você	vá você	venha você
saibamos nós	tragamos nós	vejamos nós	vamos nós	venhamos nós
sabei vós	trazei vós	vede vós	ide vós	vinde vós
saibam vocês	tragam vocês	vejam vocês	vão vocês	venham vocês

Negativo

DAR	CABER	DIZER	FAZER	PODER	QUERER
não dês tu	(não há)	não digas tu	não faças tu	(não há)	não queiras tu
não dê você	(não há)	não diga você	não faça você	(não há)	não queira você
não demos nós	(não há)	não digamos nós	não façamos nós	(não há)	não queiramos nós
não deis vós	(não há)	não digais vós	não façais vós	(não há)	não queirais vós
não deem vocês	(não há)	não digam vocês	não façam vocês	(não há)	não queiram vocês

SABER	TRAZER	VER	IR	VIR
não saibas tu	não tragas tu	não vejas tu	não vás tu	não venhas tu
não saiba você	não traga você	não veja você	não vá você	não venha você
não saibamos nós	não tragamos nós	não vejamos nós	não vamos nós	não venhamos nós
não saibais vós	não tragais vós	não vejais vós	não vades vós	não venhais vós
não saibam vocês	não tragam vocês	não vejam vocês	não vão vocês	não venham vocês

5. PREPOSIÇÃO

Principais preposições

a	de	perante
ante	desde	por
após	em	sem
até	entre	sobre
com	para	sob
contra	per	trás

Contração

a + a = à
a + as = às
a + aquele = àquele
a + aquela = àquela
a + aqueles = àqueles
a + aquelas = àquelas
de + a = da
de + o = do
de + as = das
de + os = dos
de + ela = dela

de + ele = dele
de + elas = delas
de + eles = deles
de + esta = desta
de + este = deste
de + estas = destas
de + estes = destes
de + aqui = daqui
em + a = na
em + o = no
em + as = nas

em + os = nos
em + esta = nesta
em + este = neste
em + estas = nestas
em + estes = nestes
per + a = pela
per + o = pelo
per + as = pelas
per + os = pelos

Combinação

a + o = ao
a + os = aos
a + onde = aonde

Significado das preposições

Lugar: Vivo **em** São Paulo.
Tempo: Choveu **por** dias.
Matéria: Pegue o copo **de** plástico.
Posse: A blusa **de** Juliana é linda.
Companhia: Sairei **com** minha turma.
Meio: Não ando **de** táxi.
Origem: A excursão veio **de** Brasília.
Oposição: O Corinthians jogará **contra** o Palmeiras sábado.
Finalidade: A rua foi enfeitada **para** a Copa do Mundo.
Causa: Muitos morreram **de** frio na Europa.
Assunto: O professor falou **sobre** ética.
Instrumento: Abriu a carta **com** uma faca

Algumas locuções prepositivas

acima de	além de	dentro de	diante de	em virtude de	longe de
abaixo de	antes de	depois de	embaixo de	fora de	perto de
a fim de	atrás de	devido a	em frente de	junto a/de	por causa de

Palavras e expressões que causam dúvidas

a / há / ah

A: futuro / lugar

    Daqui **a** dois dias viajarei.

    Ontem fui **a** Brasília.

Há: passado (faz) / sinônimo de existir.

    Há (faz) dias não o vejo.

    Há (existem) muitas oportunidades aqui.

Ah: surpresa / espanto / admiração

    Ah, era você que estava assustando as crianças!

    Ah, quanta alegria ao vê-lo!

por que / porque

por que: perguntas em início de frase / ou quando indicar motivo, razão / pelo(a) qual

    Por que faltou à aula ontem?

    Não sabemos **por que** (motivo) agiu dessa forma.

    A estrada **por que** (pela qual) passamos não era asfaltada.

porque: resposta

    Não irei à festa porque terei de trabalhar.

mas / más / mais

mas: contrário / sinônimo de porém, entretanto, todavia, contudo.

    O time jogou muito bem, **mas** perdeu.

más: oposto de boas.

    São garotas más.

mais: oposto de menos.

    Se quiser mais informações, telefone-me.

ao encontro / de encontro

ao encontro: aproximar-se, concordar

    Fui **ao encontro** de meus amigos.

    Suas ideias vão **ao encontro** do que acredito.

de encontro: ir contra, chocar-se

    Suas ideias vão **de encontro** ao que acredito.

    O carro foi **de encontro** ao poste.

Glossário

Alberto de Oliveira (1857-1937): brasileiro de Niterói, foi poeta, professor, farmacêutico, secretário estadual de Educação, membro honorário da Academia de Ciências de Lisboa e fundador da Academia Brasileira de Letras.

Arbusto: vegetação, planta.

Bicharoco: bicho grande que inspira medo e nojo.

Biga: carro de duas ou quatro rodas puxado por dois cavalos.

Bipartido: dividido em duas partes.

Bruma: nevoeiro, névoa.

Cajado: vara, pedaço de pau que serve de apoio para se caminhar.

Carlos Drummond de Andrade (1902-1987): um dos maiores escritores brasileiros, foi poeta, cronista, autor de contos e escreveu ainda um livro infantil. Nasceu em Itabira (MG) e morreu no Rio de Janeiro (RJ).

Centauro: ente fantástico, com rosto, torso e braços de homem, garupa e pernas de cavalo.

Ciclope: gigante com um olho único e redondo, na testa, que se caracteriza pela força prodigiosa e por ser trabalhador e esforçado.

Decepar: cortar, amputar, mutilar.

Destroçada: destruída.

Emissário: mensageiro, enviado em missão.

Érico Veríssimo (1905-1975): gaúcho de Cruz Alta, foi um dos escritores brasileiros mais populares do século XX. Suas obras mais conhecidas são: *Clarissa, Olhai os lírios do campo, O tempo e o vento* (trilogia), *O Senhor Embaixador, Incidente em Antares*.

Estrépito: rumor, algazarra, barulho.

Ilustrações: Renato Arlem

251

Exausto: cansado, esgotado.

Exultar: exprimir grande alegria.

Guinchar: soltar gritos como alguns animais.

Intrespassável: não é atingível ou transpassável por nenhum objeto pontudo.

Isaac Newton (1643-1727): cientista inglês, mais reconhecido como físico e matemático, embora tenha sido também astrônomo, alquimista, filósofo natural e teólogo. Ele descreveu a lei da gravitação universal e as três leis de Newton, que fundamentaram a mecânica clássica.

Maçom: que é membro da maçonaria.

Maçonaria: associação universal – filosófica, filantrópica e educativa –, cujos membros cultivam a filantropia, a justiça social, a humanidade, os princípios da liberdade, democracia e igualdade, o aperfeiçoamento intelectual e a fraternidade.

Obeso: muito gordo.

Pestilento: infecto, imundo.

Petrificar: transformar em pedra.

Pomposo: muito grande, distinto.

Profecia: previsão do futuro, adivinhação.

Rapé: pó feito de folhas de tabaco, usado para inalação e que provoca espirros.

Silvos: som agudo e prolongado produzido por humanos e animais; assobio, zumbido.

Sinistríssima: muito má, perniciosa, assustadora.

Ultraje: ofensa muito grave.

Unicórnio: animal fantástico, representado com o corpo de cavalo, chifre único no meio da testa, barba de bode e cascos divididos.

Winston Churchil (1874-1965): estadista britânico, escritor, jornalista, orador e historiador, famoso principalmente por ser o primeiro-ministro do Reino Unido durante a Segunda Guerra Mundial.

Indicação de leituras complementares

Unidade 1

Capítulo 1

Em algum lugar do paraíso. Luís Fernando Veríssimo. Rio de Janeiro: Objetiva, 2001.

> Este livro reúne 41 crônicas de Luís Fernando Veríssimo. Com seu senso de humor refinado e olhar peculiar sobre coisas aparentemente banais do cotidiano, o autor mostra nessa coletânea as melhores qualidades do gênero crônica.

História dos nossos gestos. Luís da Câmara Cascudo. São Paulo: Global, 2003.

Tem um E.T. na minha TV. Antonio Carlos Neves. Belo Horizonte: Formato, 2004.

Capítulo 2

O diário de Anne Frank. 18. ed. Anne Frank. Otho H. Frank (Org.). Tradução de Alves Calado. Rio de Janeiro: Record, 2003

Persépolis. Marjane Satrapi. São Paulo: Companhia das Letras, 2007.

> A autobiografia em quadrinhos da iraniana Marjane Satrapi é publicada em volume único nesta edição, que reúne as quatro partes da história e emocionou leitores de todo. Ela conta como o advento da Revolução Iraniana em 1979 mudou sua vida de menina. Em *Persépolis*, o Oriente encontra o Ocidente e o Irã parece muito mais próximo do que poderíamos suspeitar.

A vida é pra valer: o diário de Fabiana. 4. ed. Antonio Carlos Vilela. São Paulo: Melhoramentos, 2002.

Filme

Persépolis. Direção: Vicent Parronaut, Marjane Satrapi. França/ EUA, 2007.

Site

Sou da Paz: <www.soudapaz.org>. Acesso em: 10 nov. 2008.

253

Unidade 2

Capítulo 1

Aquele tombo que eu levei. Toni Brandão. Ilustração de Orlando. São Paulo: Melhoramentos, 2005.

Bola no pé. Maria Alice Barroso. São Paulo: Global, 1996.

O caneco de prata. João Carlos Marinho. São Paulo: Global, 2000.

Uma história do futebol. José Roberto Torero. Rio de Janeiro: Objetiva, 2002.

Capítulo 2

Animália. Gianfrancesco Guarnieri. São Paulo: Companhia Editora Nacional, 2005.

Aquele tombo que eu levei. Exercícios de palco. Maria Clara Machado. Rio de Janeiro: Agir, 1996.

Pluft, o fantasminha/O dragão verde. Maria Clara Machado. São Paulo: Companhia das Letrinhas, 2001.

Teatro para a juventude. Tatiana Belink. São Paulo: Companhia Editora Nacional, 2005.

Filme

Hoje é dia de Maria. Direção: Luiz Fernando Carvalho. Elenco: Carolina Oliveira, Rodrigo Santoro, Letícia Sabatella, Osmar Prado, Fernanda Montenegro, Stênio Garcia, Laura Cardoso. Brasil, 2006. DVD, Som Livre. Classificação: 12 anos.

> Minissérie de TV lançada em DVD, *Hoje é dia de Maria* conta as peripécias de uma menina em tom de fábula e de sonho. As histórias são inspiradas em narrativas populares, muitas delas presentes também na literatura de cordel.

O auto da compadecida. Direção: Guel Arraes. Brasil, 2001.

CD

Os saltimbancos. Chico Buarque. Universal Music/Sonopress, Brasil, 1977.

Unidade 3

Capítulo 1

Assassinato na literatura infantil. João Carlos Marinho. São Paulo: Global, 2005.

Um cadáver ouve rádio. Marcos Rey. São Paulo: Ática, 1998.

Os criminosos vieram para o chá. Stella Carr. São Paulo: FTD, 2001.

O escaravelho do diabo. Lúcia Machado de Almeida. São Paulo: Ática, 1999.

Histórias de detetive. Vários autores. São Paulo: Ática, 1998.

Sherlock Holmes: o mistério do Vale Boscombe e outras aventuras. Arthur Conan Doyle. São Paulo: Melhoramentos, 2000.

Filmes

O cão dos Baskervilles. Direção: Terence Fisher. Inglaterra, 1959.

Desventuras em série. Direção: Brad Silberling. EUA, 2004.

O enigma da pirâmide. Direção: Barry Leninson. EUA, 1985.

A família Addams. Direção: Barry Sonnenfeld. EUA, 1991. Direção: Raja Gosnell. EUA, 2002.

Percy Jackson e o Ladrão de Raios. Direção: Chris Columbus. Canadá/EUA, 2010. DVD, Fox Film. Legendado. Classificação: 10 anos.

O garoto-problema Percy Jackson tem experiências estranhas em que deuses e monstros mitológicos parecem saltar das páginas dos livros direto para a sua vida. Pior que isso - algumas dessas criaturas estão bastante irritadas. Um artefato precioso foi roubado do Monte Olimpo e Percy é o principal suspeito. Para restaurar a paz, ele e seus amigos - jovens heróis - terão de fazer mais do que capturar o verdadeiro ladrão - precisam elucidar uma traição mais ameaçadora que a fúria dos deuses.

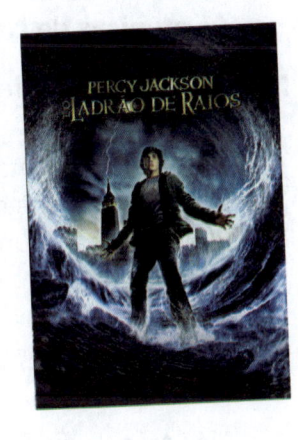

Site

Portal Harry Potter: <www.omundodeharrypotter.com.br>. Acesso em: 10 nov. 2008.

Capítulo 2

Cajueiro sem sombra. Caio Porfírio Carneiro. São Paulo: Saraiva, 1997. (Jabuti).

O empinador de estrelas. Lourenço Diaféria. São Paulo: Moderna, 1993.

Furo de reportagem. Roberto Jenkins de Lemos. São Paulo: Saraiva, 2009.

Turma de garotos investiga o sumiço de velhinha. A ideia era entrevistar alguns vizinhos da escola para o jornal dos alunos. Foi aí que o pessoal deu pelo sumiço de dona Margô. Pior: aquelas pessoas esquisitas na casa da velhinha eram muito suspeitas. A investigação começou assim meio na brincadeira. Mas o que Chicão e sua turma iam descobrindo era muito absurdo. Ali tinha coisa. E das grandes!

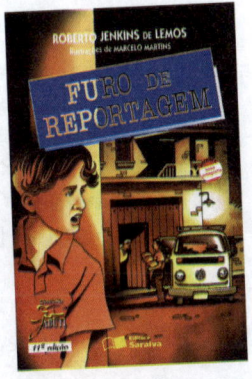

A fórmula da esperança. Roberto Freire. São Paulo: Moderna, 2000. (Veredas).

Moleques de rua. 2. ed. Roberto Freire. São Paulo: Moderna, 2003. (Veredas).

O praça quinze. Paula Saldanha. Rio de Janeiro: J. Olympio, 1981.

Unidade 4

Capítulo 1

Contos de fadas. Charles Perrault. Tradução de Monteiro Lobato. São Paulo: Companhia Editora Nacional, 2002.

Contos de Grimm. Irmãos Grimm. Tradução de Monteiro Lobato. São Paulo: Companhia Editora Nacional, 2002.

As crônicas de Nárnia. Clives Stapes Lewis. São Paulo: Martins Fontes, 2005.

Mitos e lendas do Brasil em cordel. Nireuda Longobardi. São Paulo: Paulus, 2009.

O livro busca resgatar a riqueza dos personagens e lendas do Brasil. Falam de guardiões da nossa fauna e flora, como o Saci, o Boto, a Iara, o Lobisomem, o Curupira, a Mula-sem-cabeça, entre muitos outros. Histórias que fazem parte do patrimônio cultural do País e que, por meio da literatura de cordel caracterizada por versos rimados, são mais fáceis de serem memorizadas pelos jovens leitores.

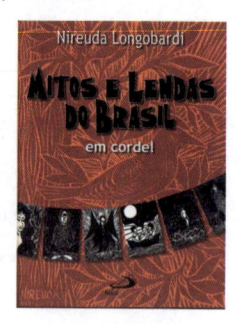

Nós três. Lygia Bojunga. Rio de Janeiro: Casa Lygia Bojunga, 2005.

O príncipe do destino: história da mitologia afro-brasileira. Reginaldo Prandi. São Paulo: Cosac & Naif, 2002.

Capítulo 2

As mais belas histórias da Antiguidade Clássica. Gustav Schwab. São Paulo: Paz e Terra, 1996.

Odisseia. Ruth Rocha. São Paulo: Companhia das Letrinhas, 2000.

Vida, paixão e morte do herói. Autran Dourado. São Paulo: Global, 1997.

Filme

As crônicas de Nárnia. Direção: Andrew Adamson. EUA, 2005.

Os irmãos Grimm. Direção: Terry Giliam. Elenco: Matt Damon, Monica Bellucci, Heath Ledger. EUA, 2006. DVD, Europa Filmes. Dublado. Classificação: livre.

Mistura de suspense e contos de fadas, neste filme as personagens são os irmãos Grimm, os célebres autores de contos de fadas. Perseguidos pelas autoridades francesas, eles têm de enfrentar monstros de verdade e descobrir o segredo da Floresta Encantada. Bem ao gosto do diretor Terry Giliam, o filme é cheio de incríveis efeitos especiais.

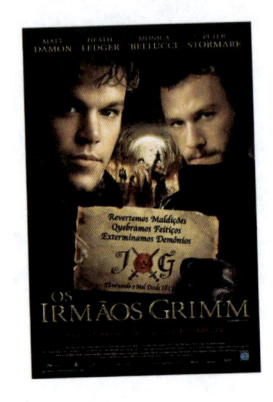